中国金融四十人论坛

CHINA FINANCE 40 FORUM

致力于夯实中国金融学术基础，探究金融界前沿课题，引领金融理念突破与创新，推动中国金融改革与实践。

中国金融四十人论坛书系
CHINA FINANCE 40 FORUM BOOKS

# 中国农业保险发展改革
# 理论与实践研究

Theoretical and Practical Research on the Development
and Reform of Agricultural Insurance in China

陈文辉 等◎著

中国金融出版社

责任编辑：张　铁
责任校对：张志文
责任印制：陈晓川

**图书在版编目（CIP）数据**

中国农业保险发展改革理论与实践研究（Zhongguo Nongye Baoxian
Fazhan Gaige Lilun yu Shijian Yanjiu）/陈文辉等著 . —北京：中国
金融出版社，2015. 11
　（中国金融四十人论坛书系）
　ISBN 978 - 7 - 5049 - 7278 - 1

　Ⅰ.①中…　Ⅱ.①陈…　Ⅲ.①农业保险—发展模式—研究—
中国　Ⅳ.①F842. 66

中国版本图书馆 CIP 数据核字（2015）第 223233 号

出版
发行　中国金融出版社

社址　北京市丰台区益泽路 2 号
市场开发部　（010）63266347，63805472，63439533（传真）
网上书店　http://www. chinafph. com
　　　　　　（010）63286832，63365686（传真）
读者服务部　（010）66070833，62568380
邮编　100071
经销　新华书店
印刷　北京市松源印刷有限公司
尺寸　170 毫米×230 毫米
印张　16. 5
字数　194 千
版次　2015 年 11 月第 1 版
印次　2015 年 11 月第 1 次印刷
定价　48. 00 元
ISBN 978 - 7 - 5049 - 7278 - 1/F. 6838
如出现印装错误本社负责调换　联系电话（010）63263947

**中国金融四十人论坛书系**
**CHINA FINANCE 40 FORUM BOOKS**

　　"中国金融四十人论坛书系"专注于宏观经济和金融领域，着力金融政策研究，力图引领金融理念突破与创新，打造高端、权威、兼具学术品质与政策价值的智库书系品牌。

　　中国金融四十人论坛是一家非官方、非营利性的独立智库，专注于经济金融领域的政策研究。论坛由40位40岁上下的金融精锐组成，即"40×40俱乐部"。本智库的宗旨是：以前瞻视野和探索精神，致力于夯实中国金融学术基础，研究金融领域前沿课题，推动中国金融业改革与发展。

　　自2009年以来，"中国金融四十人论坛书系"已出版40余本专著、文集。凭借深入、严谨、前沿的研究成果，该书系已经在金融业内积累了良好口碑，并形成了广泛的影响力。

# 前　　言

粮为国之本，民以食为天。农业是国民经济的基础性产业，在国民经济发展中具有重要的战略地位。农业又是典型的弱质产业，抗风险能力低、风险频率高、灾害损失重。作为重要的农业支持扶持手段，农业保险被世界各国普遍采用。2003年党的十六届三中全会《关于完善社会主义市场经济体制若干问题的决定》首次提出"探索建立政策性农业保险制度"后，我国开始了建立符合中国国情的农业保险制度的探索。从2004年起，每年的中央一号文件都根据"三农"改革的迫切需求，对农业保险提出具体要求。2007年，中央财政启动农业保险保费补贴试点。2012年，国务院颁布第一部农业保险法规《农业保险条例》，初步构建了我国农业保险制度框架，标志着我国农业保险发展进入一个新的阶段。

近年来，我国农业保险发展实现了历史性突破，短短几年间，我国农业保险走过了发达国家几十年甚至上百年走过的道路，取得了举世瞩目的成就。截至2014年底，我国农业保险年保费规模达到325.7亿元，居亚洲第一位，全球第二位，参保农户达2.47亿户次，为农业生产提供风险保障1.66万亿元。我国已经成为全球最重要最活跃的农业保险市场之一。农业保险在贯彻落实中央强农惠农富农政策、防范化解农业生产风险、稳定农民收入、落实国家粮食安全战略和宏观调控政策，以及完善农村社会支持保护体系等方面发挥了重要作用。目前我国已经初步形成了具有中国特色的农业保险体系，被国际同行称为"世界农业保险典型模式之一"。

2014 年，国务院颁布《关于加快发展现代保险服务业的若干意见》，明确提出"大力发展'三农'保险，创新支农惠农方式"，为我国农业保险的发展明确了新方向，注入了新动力，提出了新要求。与快速发展的农业保险市场相比，我国农业保险理论研究较为滞后，已经不能适应蓬勃发展的农业保险实践的需要。一方面，现行农业保险制度与政府的要求以及广大农户的热切期盼相比还有一定的差距。随着农业保险的持续发展，一些深层次的体制性机制性的矛盾和问题逐步显现。另一方面，以美国为代表的发达国家农业保险变革方兴未艾，其 2014 年新农业法案中持续扩大农业保险这一"绿箱"政策的覆盖范围和补贴额度，以突出保险在支持农业发展维护美国农产品全球竞争力中的重要作用。对尚处于起步阶段的中国农业保险来说，迫切需要在实证研究、比较研究的基础上，加强对农业保险理论与实践的深入探索，主动适应经济发展新常态和农业现代化的新趋势、新要求。具体来说，要重点关注以下几点：

一是农业保险顶层设计。要进一步加强对农业保险基础性、前瞻性、战略性问题的研究。在这个过程中，不能孤立、狭隘地看待农业保险，要从服务农业现代化和国家粮食安全战略、完善农村金融服务体系和农业支持保护体系的战略高度出发，"跳出农业保险看农业保险"，立足于经济全球化、国家治理体系和治理能力现代化等大视野、大背景中，深入探究新形势下农业保险运行机制、管理机制等战略性问题。

二是农业保险改革创新。随着农业现代化水平的提升，农业生产规模化、集约化水平快速提高，家庭农场、专业大户、农民合作社和农业产业化龙头企业等新型农业经营主体大量涌现。这些新型农业经营主体对风险防范和资金融通的需求十分强烈，迫切需要通过改革创新，开发出适应不同主体风险偏好和需求的产品，并加强与涉农补贴、信贷、担保、期货等的融合，形成金融服务"三农"发展的全方位、多层次完整链条。

三是农业保险微观机制。针对中国农业还以分散性生产为主的特点，深入研究农业保险如何在控制成本的同时提升服务质量和服务效率；研究如何完善费率和保障水平动态调整机制；研究如何进一步完善基层服务体系，打通保险服务"最后一公里"；如何分散大灾风险，确保农业保险体系稳健运行；如何运用大数据、云计算、地理信息系统等高新技术，提高运行效率和科技含量。

本课题是中国金融四十人论坛内部课题。中国金融四十人论坛一直持续关注国家经济体制领域改革的重大问题。我们希望课题研究能为农业保险的改革发展提供更加坚实的理论基础；同时，希望借助论坛这个学术平台和智库，让更多的专家学者和业内外人士关心农业保险，支持农业保险，并积极建言献策，汇集各方的智慧与建议，把我国的农业保险好事办好、实事做实，使国家强农惠农富农政策惠及更广大的农户。

# 目 录

1

## 图目录

## 表目录

中国金融四十人论坛
CHINA FINANCE 40 FORUM

第一章

引　言

对于要养活全球22%人口的中国来说，在国际农业发展和国际政治风云变幻的今天，农业现代化对于中国国家和人民，以及农业风险管理对于实现本国农业现代化有着重要的意义。由于农业生产的露天性，密切依存于自然条件，农业既是国民经济的基础产业，又是公认的抵御风险能力极差的"弱质产业"。农业保险是市场化风险管理和社会管理的一项重要工具，不仅在很大程度上分散了农业的自然灾害风险，为受灾对象提供了恢复正常生活和生产活动的灾后补偿资金，为农民生产生活提供强有力的保障，而且通过防灾防损工作，可促进农业防灾防损能力的提高。

中国农业保险走过了近八十年的曲折发展道路，经过了几代人的艰辛努力与探索。自2007年中国启动中央财政农业保险保费补贴试点以来，中国开始了新一轮农业保险制度试验和制度设计，在总结国内实践和吸收国外经验教训的基础上，以2012年国务院发布的《农业保险条例》为标志，中国初步建立了农业保险制度框架，摸索出了一条符合中国国情，特别是在农业现代化背景下与农业风险管理相匹配的发展路径。然而不容忽视的是，建立了一个科学合理的制度与制度的有效率运行之间，仍可能存在不小的距离。因此，在中国农业保险发展现状和现存制度的基础上，进一步研究中国农业保险制度的发展、改革和完善问题，具有重要的理论和现实意义，也是制度发展优化及历史发展的必然选择。

## 一、农业保险定义

农业保险本来是商业性财产保险中的一个类别，与其他非寿险业务，如机动车辆保险、企业财产保险、工程保险、家庭财产保险等类业务并列。主要是承担农、林、牧、渔业生产过程中因为保险标的遭受约定的自然灾害、意外事故、疫病、疾病等保险事故所造成的财产损失，承担赔偿保险金责任的保险活动。

从农业保险最发达的美国到亚洲、非洲相对比较落后的发展中国家的实践来看，现代农业保险虽然仍然是一种金融工具，但已经发展成为一种超越商业保险活动的制度安排。无论在中国还是其他国家，大多都已经不是本来意义上的农业保险，不仅仅是为农业生产者提供农、林、牧、渔等财产风险保障，更主要的是作为管理本国农业风险、维持本国农业的稳定发展、提高农业竞争力、减小农民收入波动、提高农民社会福利的重要农业政策工具或者特殊的农业风险管理制度。虽然很多国家的农业保险也还是由商业保险公司在操作和经营，但一般都被冠以"政府支持的"或者"政策性"的前缀形容词，被称为"政府支持的农业保险"或者"政策性农业保险"。从而将农业保险分为性质不同的两类，即政策性农业保险（或政府支持的农业保险）和商业性农业保险。"政府支持的农业保险"是为农业发展政策服务的，属于政策性农业保险范畴；其他由商业保险公司作为供给主体交易的农业保险，主要是雹灾保险和火灾保险等，除了监管之外，不需要政府介入和支持，是商业性农业保险。

## 二、研究目的与意义

我国当前正处于转变发展方式、推进现代化建设的重要时期。农业保险是现代农业发展的稳定器和助推器。一方面，现代农业发展对农业保险发展提出了新的更高的要求。只有全面地适应现代农业发展需求，不断开拓创新，才能更好地发挥农业保险对现代农业发展的支撑作用，在促进农业发展方式转变的过程中有所作为。另一方面，发展现代农业也为探索农业保险新的经营模式提供了条件和契机。通过本书研究，可以为完善农业保险的顶层设计、理顺管理体制和运行机制提供思路、方向和路径，推动我国农业保险的健康和可持续发展，提高国家支农惠农政策的实施效果。这对于农业保险创新经营模式，适应和促进现代农业发展都具有重要的理论价值和积极的现实意义。

本书研究旨在提升中国农业保险对于现代农业发展的服务供给能力，提出中国农业保险重大制度建设的顶层设计及改革路径的对策建议。本书研究思路是以中国农业发展现状和未来发展趋势、农业保险发展已有经验为基础，借鉴国外农业保险适应和促进现代农业发展的经验，从目前中国农业保险制度建设的实际出发，总结中国农业保险发展现状，针对实践中主要的管理体制和运行机制问题，深入探讨如何进一步完善中国农业保险制度，研究中国农业保险发展改革理论和实践。本书研究内容为当前农业保险实践中需迫切解决的问题，如顶层制度设计问题、支持政策效率问题、监管政策问题等，研究成果可望迅速转化为实践应用。

## 三、相关文献综述

（一）国外研究综述

1. 农业保险市场失灵

国外自20世纪30年代就开始对农业保险开展了相关理论研究。Wright 和 Hewitt（1994）发现，历史上尝试通过私营公司来承担农业保险多重风险的尝试无一幸存。对于多重风险种植业保险，基本上都由政府直接或者间接经营。1970年以后，运用经济理论在解释为什么会出现私营农业保险市场的失灵问题时，理论界主要从信息不对称引起的逆向选择与道德风险问题以及农业风险的系统性风险属性等方面进行讨论。

第一，逆向选择问题。很多研究都指出了农业保险中的逆向选择问题（如 Skees and Reed, 1986；Miranda, 1991；GAO, 1989；Goodwin, 1993；Knight and Coble, 1999；Shaik and Atwood, 2003；Babcock, Hart, and Hayes, 2004）。由于存在逆选择，那些预期赔偿

超过保费成本的农民更可能购买种植业保险，相反，那些预期成本超过赔偿的农民将不太可能购买保险（Skees and Reed, 1986；Miranda, 1991）。1989 年美国国会审计署对农业保险项目的精算财务结果进行了批评，指责农业保险项目在 80 年代早期向难以获得精算信息的县和作物扩张，导致不利的选择风险集合（GAO, 1989）。当时，费率厘定时假设一个县之内农场产量的变异系数不变，对一个县内具有同样期望产量的农场采取同样的费率。但 Skees 和 Reed（1986）对农场产量的期望值与标准差之间关系的分析以及 Goodwin（1993）对个别费率与县费率之间相关性的研究都揭示了这种费率厘定方式的缺陷。

逆向选择表现在农业保险的参与率问题上，国外有很多的实证和计量经济学方面的成果，也存在很多争论。1989 年美国农业部作了一项全国调查，对农民不参加联邦种植业保险的原因进行排序（Wright and Hewitt, 1994），发现前五位原因分别是保障太低、保费太高、更愿意自己承担风险、农场是分散化经营的、拥有其他保险。Calvin 和 Quiggin（1999）发现，农民参与美国联邦农作物保险项目的原因中，风险规避仅仅是一个很小的因素，主要是为了得到政府的补贴。一些模拟研究结果显示作物多重风险种植业保险的收益会随着农场位置、作物和区域有显著的差异。计量经济学分析表明，能够从种植业保险中获得较高期望收益的农户倾向于购买保险，这说明作物多重风险保险存在着逆向选择。其他一些计量经济学研究发现，随着农场规模的增大，农业保险的参与率增加；农场在各种作物和牲畜的管理上分散风险的能力越强，其从作物多重风险保险中得到的益处越少，而越倾向于不购买作物多重风险保险；农场自然风险或者收入风险变化显著的单位倾向于购买农业保险。

另外，也有一些学者从风险偏好角度考察农业保险的需求，如

Serra 和 Goodwin 等（2003）在对农业保险需求的实证研究中发现，对于美国农民，随着其初始财富到达一定程度以后的增加，其风险规避需求减弱，因而购买农业保险的动机降低。还有一些学者从其他风险管理策略替代性的角度考察农业保险的需求，如一些研究显示，农场主和牧场主可以使用其他各种风险管理策略来减少其面临的风险（Harwood et al.，1999；GAO，1999）。这一时期对种植业保险参与率的实证分析也表明，其他风险管理策略与工具对参与率具有负面的影响（Knight and Coble，1997）。

第二，道德风险问题。对道德风险的研究主要集中于农业保险购买与农业投入之间的关系。由于农户自身决定农业投入量的大小，因此，投入量的变化可能更多地反映的是农作物品种的变化，而不是申请索赔率（Application Rates）的变化。Horowitz 和 Lichtenberg（1993）考察了玉米种植户，认为农业保险购买与农业投入呈现正相关关系。但这个结论受到 Quiggin、Karagiannis 和 Stanton（1993），Babcock 和 Hennessy（1996），Smith 和 Goodwin（1996），Goodwin 和 Smith（2003）以及 Goodwin、Vandeveer 和 Deal（2004）等学者的挑战，他们认为，购买农业保险会降低投入的使用。减少道德风险问题的努力主要集中于监督。比如，美国《农业风险保障法》授权风险管理局通过农场服务机构提高对于参保农户的监督，识别潜在的欺诈与滥用现象（Rejesus et al.，2004）。也有些学者认为可以通过改善保单设计来应对道德风险问题（Chambers，1989；Rubinstein and Yaari，1983；Crocker and Morgan，1998；Vercammen and van Kooten，1994）。

第三，系统性风险问题。很多学者提出了农业风险的系统性风险问题（Miranda and Glauber，1997；Bardsley, Abey and Davenport，1984；Duncan and Myers，2000）。这种系统性风险的相关性削弱了保险公司在农户之间、作物之间、地区之间分散风险的能力。

2. 农业保险对于农作物产量的效应

政府介入农业保险以后的经济效应逐渐发展成为理论研究的一个重点。特别是随着补贴水平的不断提高，人们开始越来越多地关注农业保险对于农作物产量可能产生的影响。Miller 和 Walter (1997)，King 和 Oamek (1983)，Gardner 和 Kramer (1986) 的研究证实了灾害救助对农作物生产的影响，认为灾害救助有助于种植户降低风险，并提供了隐含的补贴，从而鼓励在不适合种植的边缘土地上种植更具风险性的作物。事实上，在关于通过美国 1980 年《农业保险法》的辩论中，人们认为农业保险比灾害救助更可取之处就在于，相对不会提供影响生产的经济激励（GAO，1989）。但 Ahsan、Ali 和 Kurian (1982) 及 Nelson 和 Loehman (1987) 等学者的理论分析认为，农业保险具有增加产量的可能。

3. 对传统农业保险的批判与对指数保险的探索

国外农业保险的研究与实践总体经历了两个不同的阶段：在第一个阶段，研究者关注的是市场为什么不能自发地提供合适的农业保险？比较主流的结论是需要政府介入，提供补贴，建立补贴属性的公共农业保险制度（Public Crop Insurance）。在第二个阶段，当公共保险制度带来了很多问题时，人们开始反思农业保险供给体制的创新，强调基于市场的方法来解决农业保险的供给问题。

研究认为，可保风险需要满足一系列条件，具体到农业风险的可保性，需要特别考察以下两个条件（Berliner，1982；Miranda and Glauber，1997）：第一，风险的发生是独立的。第二，对于风险损失的概率分布，被保险人和保险人拥有大致对等的信息。

综上所述，农业的相关性风险以及信息不对称问题使得保险风险集合与分散的最基本功能缺乏效率。因此，农业保险技术的创新着力于处理农业保险的传统问题，如道德风险、高交易成本、逆选择，特别是系统性风险问题。其中，指数保险就是一种有益的探索

（Skees et al., 1999；Barnett, 2004；Skees, Hazell and Miranda, 1999；Hess, Richter and Stoppa, 2002；World Bank, 2004）。

4. 收入保险文献综述

传统的农业保险是产量保险。但随着农产品市场走向国际化和市场管制的放松，价格波动已经成为农户的重要风险因素。为了同时应对价格风险与产量风险，国际农业保险界开发了收入保险（Revenue Insurance）。

在理论层面，学者们 20 世纪 80 年代就开始了对收入保险的探讨。Trechter（1984）提出了收入保险供给和需求的理论模型。Gineo（1984）考察了收入保险保单设计如何影响农户的收益以及其对农作物生产与资源配置的可能影响。在对联邦农作物保险和 1990 年《农业法案》的评估中，Glauber 等（1989）指出，该目标收入保险计划是稳定每英亩农民收入和市场价格的最好方式。Skees 等（1998）指出，收入保险为将现有的价格和产量保证的项目整合为单一项目提供了可能，更容易管理和更方便农民使用。Turvey（1992）的研究发现收入保险通过风险分散，是提升农户自保（Self–insurance）的最好方法。在另一项研究中，Gray 等（1994）发现，在支持农户收入方面，收入保险比现有的农业政策（差额补贴）更便宜、更有效。Harwood 等（1994, 1999）和 Hennessey 等（1997）的研究也持类似的结论。

Calkins 等（1997）的研究表明，和价格保险与产量保险相比，收入保险可以使得魁北克的农户获得更高的预期收入。研究结果还显示，收入保险确保了更高的公共支出的效率。另一方面，Stokes 等（1997）的研究显示，承保整个农场的收入比承保每种作物的效率更高。Coble 等（2000）的研究显示，收入保险产品是其他降低风险策略（如期货和期权等套期保值工具）的潜在替代手段。Mahul 和 Wright（2003）的研究则表明，收入保险合同可以与典型的套期保值工具如期权和期货之间互补。Mishraa 等（2006）考察了农户购买收入保险决策的影响因素，结果显示，有能力积累充足的财富储备以及签署生产和销售合同的农户更倾向于以此策略作为收入保险的替代。研究还表明，年长和富裕的种粮农民更不倾向于购买收入保险。

从实践来看，美国是截至目前唯一成功开发和大规模销售收入保险的国家（Lambert Muhr，2011）。1996 年，美国内布拉斯加州和艾奥瓦州首次引入大豆和玉米的收入保险。当年，近 1200 万英亩作物参保。到 2003 年，全国范围都提供收入保险，参加收入保险的作物面积为 1.135 亿英亩，超过了参加产量保险的作物面积（当年为 9000 万英亩）。到 2011 年，参加收入保险的总面积超过了 1.73 亿英亩（USDA，RMA，2012）。个人产量保险承包面积占比已经不到 20%。相应地，个体收入保险占全部农业保险保费收入的 70%。

研究显示（Joseph W. Glauber，2012），和其他价格支持政策相比，2011 年玉米、大豆、小麦、陆地棉和水稻等作物的收入保险提供的价格保证要高 50% 以上，对于有些作物而言甚至高出两倍。这是收入保险计划普及的原因，也是许多其他小损失项目（Shallow Loss Programs）方案试图仿效收入保险提供价格保护的重要原因。

近年来农产品的价格风险显著增加（Bulut et al.，2011），而且价格风险具有系统性风险的特征，这使得农产品的收入风险比产量风险大得多，尽管理论上产量与价格之间呈现负相关关系（Coble et al.，2007）。这种风险也使得发展收入保险需要具备一系列的条件，包括足够年份的产量数据，良好运作的产量保险是发展收入保险的先决条件（Lambert Muhr，2011）；充分的价格数据，拥有客观、不具有可操纵性、准确反映当地价格的价格发现机制（Cole and Gibson，2010）；足够的数据支持以确定价格与产量之间的相关关系（B. Goodwin，2011）；保费补贴以及对巨灾风险的公共支持；对公共资金使用的有效监督；政府提供充分的法律和监管框架等。

（二）国内研究综述

国内对农业保险的研究在以下几个方面取得了较为丰硕的成果。

1. 农业保险的市场失灵及其政策属性

国内的研究也沿着与国外类似的路径考察了商业性农业保险的市场失灵问题（李军，1996；刘京生，2000；庹国柱等，2002；冯文丽，2004）。相关研究主要集中于农业风险以及理赔的复杂性（龙文霞等，2003）、农业发展水平低下以及保险费率高昂与农民收入低下的矛盾（丁少群等，1994；刘宽，1999）、农业保险具有准公共产品性质（李军，1996；庹国柱等，2002）、农业保险的外部性以及农业保险过程中的道德风险和逆向选择问题（庹国柱，2002；冯文丽，2003等）、农业保险的二重性（刘京生，2000）、农业保险主体行为的博弈（龙文军等，2003）等。以上诸多角度和方面研究的基本结论认可农业保险的"准公共产品"的属性以及由此要产生的政策性保险（郭晓航，1986；庹国柱等，2002；皮立波等，2003；杨世法等，1990；史建民等，2003；胡亦琴，2003；吴扬，2005；等等）。

在国内关于农业保险的福利分析中，比较多地认为农业保险会提高产量，进而影响价格，在农产品缺乏弹性的情况下，会出现福利耗散效应，因而农业保险具有外部性，属于准公共产品，这是农业保险政策属性的重要理论依据（李军，1996；庹国柱等，2002；冯文丽等，2003）。

2. 农业保险需求

农户的需求是农业保险理论研究的逻辑起点。截至目前，国内几乎所有的专家学者（庹国柱，2006；张跃华，2006；王红，2004；庹国柱等，2002；刘京生，2000；刘宽，1999；丁少群等，1994）都一致认为农户对农业保险缺乏需求，只是各自在解释农业保险需求不旺的成因时角度和结论有所不同。如庹国柱和王国军（2002）

以及刘京生（2000）研究指出，农户可以通过土地规模的分散化以及种植的多样化等途径进行风险分散。张跃华等（2004）研究认为，农户在低收入时对于风险的偏好往往趋于风险中性。庹国柱（2006）进一步研究认为，农户对于农业保险缺乏需求，而政府从农业与农村发展以及社会保障等政策目标出发，应该是农业保险的第一需求者。

一些实证分析也考察了影响农户对于农业保险需求的因素。张跃华等（2005）通过实证分析认为农户对于风险的规避程度先随财富和收入的增加而增强，达到某一点后开始随财富和收入的增加而减弱，并通过 Logistic 模型回归得出影响农户参加保险决策因素的主要有读书时间、是否务工、年收入，影响农户参加保险可能性的变量主要有灾害损失、是否了解保险以及是否务工。陈妍等（2007）实证分析得出农户的家庭农业收入、耕地面积及受教育年限和务农年限对农业保险需求有显著影响。王阿星和张峭（2008）以内蒙古鄂尔多斯市为例，分析了农业保险需求可能存在的影响因素。

3. 国外农业保险制度变迁及其发展模式

一些学者比较早地对国外农业保险制度模式进行了系统的介绍和归纳（庹国柱，1996；庹国柱等，2002）。其他相关研究包括对美国农业保险的考察（李军等，2002；龙文军，2002）以及对其制度变迁的经济学分析（冯文丽等，2003），对日本、法国农业保险制度的介绍（冯文清，2002；龙文军，2003）以及对国外农业保险发展的整体研究（庹国柱等，2002；刘京生，2000；谢家智，2003；吴扬，2006）等。

4. 区域发展模式和实践经验

张跃华（2004，2005）、顾海英等（2005）、张跃华等（2007）对上海、新疆、河南、浙江、苏州等地农业保险经营模式进行了比较分析。朱俊生和庹国柱（2007）分析了发达地区的四种农业保险制度在制度模式、财政补贴、以险补险、保障对象、保障程度、巨灾风险分散机制以及管理机构等方面的异同点，基于制度比较的视角考察了不同制度安排的绩效。研究表明，政策性农业保险政策设计必须坚持"统一制度框架与分散决策相结合"的原则，将制度的自然演进和人为设计有机地结合起来。

5. 制度的运行框架

政策性农业保险制度的运行框架包括政策目标、制度模式、立法、财政补贴、巨灾风险分散等。

在政策目标方面，庹国柱和朱俊生（2007）提出农业保险的制度目标是促进农业和农村经济发展，同时推进农村社会保障制度建设。王敏俊等（2007）认为，农业政策性保险理应将广大小规模生产的农户纳入农业风险防范体系。

在制度模式方面，很多学者都探讨了我国农业保险制度模式以及组织形式的选择（庹国柱等，2002；刘京生，2000；李军等，2001；王和等，2004；谢家智等，2003；庹国柱等，2005；李艳等，2006；王敏俊，2007；张祖荣，2007；谷政等，2007；庹国柱等，2008）。这方面并没有达成一致的意见，对于政府的干预程度和方式，存在着政府主导型、政府诱导型以及政府参与型等农业保险模式的争论。朱俊生和庹国柱（2009）提出中国逐步形成"政府引导、市场运作"的"政府市场合作"农业保险制度模式。

在立法方面，庹国柱等（2000）较早地探讨了国外农业保险的立法情况及其对中国的启示。庹国柱和朱俊生（2007）对农业保险的立法进行了较为系统的论述。

在财政补贴方面，庹国柱和朱俊生（2007）论述了农业保险财政补贴政策的依据，中央财政需要给农业保险补多少、补给谁和如何补的问题，以及"以险补险"政策的合理性问题。陈昌盛（2007）分析了公共财政支持农业保险发展的途径、标准与规模。邢鹏等（2007）利用1978—2000年全国分省农业生产和价格数据，采用历史模拟方法，模拟了六种政策性农业保险承保和补贴方案对农民收入和政府财政支出的影响，并对投保前后农民收入差异进行了显著性检验。研究结果表明，随着保障水平的提高，农民务农收入会趋于上升和稳定，同时，补贴率的高低也对农民收入有明显影响。

在巨灾风险分散制度方面，庹国柱和朱俊生（2005，2007）提出要通过再保险、建立巨灾准备金等方式分散农业保险的再保险。刘京生（2006）提出要构建多层次农业保险再保险保障体系。赵山（2007）认为，建立多层次风险转移分担机制，完善以再保险为核心的巨灾和农业保险体系，是解决我国巨灾和农业风险可保性的重要基础。

6. 农业保险对环境与投入的经济效应

农业保险制度的环境与投入经济效应方面的研究相对较少。宁满秀（2007）以预期效用理论为基础，从农户生产行为的视角对农业保险制度的环境经济效应给出一个理论分析框架，从而有助于更好地理解农业保险制度下农户生产行为的变化，为设计有利于环境保护的农业保险制度提供一种理论参考。钟甫宁等（2007）以新疆玛纳斯河流域为例，运用联立方程组对现行农业保险制度与农户农用化学要素施用行为之间的关系进行实证分析。实证结果显示，化肥、农药、农膜的施用决策对农户购买农业保险决策的影响不尽相同；同时，农户农业保险购买决策对其化肥、农药、农膜的施用行为以不同的方式产生影响。此外，研究也表明了在我国现行"低保费、低理赔"的种植业保险制度下，鼓励农户参保并不会给环境带来显著的负面影响。

7. 种植业保险区划

自2007年我国农业保险快速发展以来，为了改变当前我国种植业保险在科技支撑方面的滞后局面，越来越多的学者意识到种植业生产风险评估和保险区划的重要性，开始探讨农业保险的风险区划与费率分区等重要的技术问题。如庹国柱和丁少群（1994）就较早地对种植业保险风险分区和费率分区问题进行了深入的探讨；刘婧（2010）系统地介绍了种植业保险区划研究的意义及必要性、国内外研究进展。另外，2010 年，保监会启动了"全国种植业保险区划"部级研究课题，旨在开展全国省一级行政单元的种植业生产风险评估与费率厘定工作，形成省一级的风险和费率类型区划，为种植业保险科学经营提供参考。该课题于 2011 年初最终形成了《"全国种植业保险区划"研究报告》。该课题的执行是近年来种植业保险区划研究方向的一次有益尝试，完成了全国范围以省一级行政区划为基本研究单元的风险和保险费率区划工作。然而，该项研究的空间尺度与结果分辨使其尚难以完全支持基层种植业保险工作的开展。

（三）文献综述小结

国外农业保险理论研究的重心大致经历了两个阶段（朱俊生，2008）：在第一个阶段，沿着商业农业保险市场失灵与福利分析的路径为政府补贴与政策干预寻找理论依据。在市场失灵方面，主要研究信息不对称引起的逆选择、道德风险以及系统性风险。在福利分析方面，主要是从消费者与生产者剩余角度分析农业保险的功能、作用以及对作物产出弹性的影响等。主流的结论是要求政府介入，建立政府补贴的公共农业保险制度。在第二个阶段，当公共农业保险制度面临财政压力、管理成本过高、政府对定价的不当干预和激励不足等问题时，研究者开始反思传统的农业保险供给体制，强调基于市场的方法来解决农业保险的提供问题，探讨包括指数保险在内的新型农业风险管理方式。

国外农业保险的理论研究成果为我国农业保险研究的深入提供了很好的参考，但发达国家的农场主实质上是具有粮食生产企业的性质，其收入非常高，这与我国以小农经济为主体的农业保险问题有着明显的区别。因此，对国外农业保险理论研究成果的借鉴必须结合中国农村、农业和农民的实际。

我国对于农业保险的理论研究对农业保险的属性作了广泛的探讨，对区域模式的探讨和实践经验的介绍比较丰富，在制度运行框架的选择方面取得了可观的成果，实证、数量和精算方面的分析逐渐增多，但仍然存在着不足：一是多将农户视为"同质"的整体，抹杀了日益分化的农户"异质性"需求的特点；二是多强调政府介入农业保险的必要性，对政府大规模补贴的财务可持续性以及补贴对市场机制的扭曲程度缺乏考察；三是多局限于对试点地区制度模式的描述，对制度运行中的深层次矛盾缺乏深刻的考察、归纳和总结；四是多着力于现状对策分析，相对缺少结构性的理论凝练和前瞻性的趋势分析；五是对政策性农业保险制度建设的薄弱环节、政策偏差和阶段性特征的认识和研究不够深入；六是研究方法上主要进行经验分析和理论探讨，较少实证研究。

在实践中，中国逐步形成"政府引导、市场运作"的"政府市场公私合作"（Public Private Partnerships，PPP）农业保险制度模式。"政府市场合作"实现了政府责任的回归，充分利用了保险公司现有的组织资源，这种制度上的优势促使政策性农业保险快速发展。然而，农业保险公私合作改革是在旧的制度土壤里发生的，虽然取得了一些局部成功，但也面临较多问题。比如，财政补贴政策不健全，保险公司供给效率不高，面临风险相关性、信息不对称、客户对其缺乏信任以及交易成本过高等难题，风险共担机制存在缺陷，政府与公司的行为边界不清晰等（朱俊生等，2009）。此外，中国农业保险还存在着亟待解决的理论疑虑，主要包括以下几个方面：

（1）如何在认识农户演化规律与分化趋势的基础上描述其行为特征，认识其异质性需求？

（2）如何重新认识农业保险市场失灵与政府干预的关系？既然

信息不对称导致的市场失灵需要政府介入，那么为何政府介入后却并未有效地解决这一问题？

（3）如何对农业保险地区性发展进行比较制度分析？如何评估制度的绩效？

（4）如何确定农业保险的制度目标？

（5）如何建立决策制度？如何将统一制度框架与分散决策结合起来？

（6）如何建立管理制度？管理机构应该履行哪些职责或职能？

（7）如何利用现有的组织资源，构建高效的组织结构制度？

（8）财政投入的合意水平、重点及风险如何？如何进一步解决"补多少、补给谁、如何补、直接补还是间接补"等农业保险财政补贴的核心问题？

（9）如何建立巨灾风险分散制度？如何测度巨灾风险准备金的规模？如何选择巨灾分散方式？

以上这些问题构成了进一步研究中国农业保险的方向。当然本书的研究不可能解决这么多问题，本书的主要目标在于研究中国农业保险制度建设中的管理体制和运行机制问题。

本书研究的创新之处：一是比较系统地总结我国农业保险的发展经验。二是根据最新信息讨论全球农业保险的市场发展趋势，并对于典型代表国家美国、日本和印度的农业保险制度发展和实践经验进行梳理，寻找可供中国借鉴的理论和经验。三是针对中国农业保险的发展实际，特别是管理体制和运行机制方面的问题，寻求可行的解决方案。

中国金融四十人论坛
CHINA FINANCE 40 FORUM

# 第二章

# 农业及农业保险特点

在现行保险分类上，农业保险作为财产保险中的一种，较其他财产保险商品有较大区别。农业保险除了具有一般保险商品的性质外，还有其独特的性质，这就使得农业保险在诸多方面也独具特色。这些特色源于农业和农业经济的最本质特点，是由农业风险特性决定的。

## 一、农业和农业经济特点

农业之所以被称为第一产业，不仅是因为在人类经济活动的历史上，它是最早发生和形成的产业，还因为它为人类的一切活动提供了最原始的动力和其他产业发展的基础。农业与第二产业、第三产业最大的不同是，第二产业、第三产业只是经济再生产的过程，尽管它们也与环境协调发展相关，但环境条件是外生变量，它一般不直接参与生产过程，只是影响生产过程。而农业作为一个特殊的产业，是自然再生产与经济再生产的交织。人类社会经济生活虽然已经走过了农业经济时期，但是农业生产的过程并没有本质的改变。农业和农业经济的下述主要特点一直存在。

（一）农业受生物学特性的强烈制约

由于农业是利用动物、植物、微生物的生命活动所进行的生产，它首先会受到这些生物自身特性和生命运动规律的制约。具体表现有：第一，农业生产的对象是活的生物，其产出多少和产品质量的高低，既取决于生物自身的生命力和抗逆特性，也取决于农业劳动者的照料和经管的精心程度。第二，生物生长在特殊的环境里，而且生产周期比较长，短则数周，长则数年，因此其资金周转速度慢、效率低，大多数作物生产有明显的经济性，价值转移时间长，因此其固定资产的利用效率低。第三，农产品具有鲜活的特性，一旦鲜活特质有所改变，便可能降低或失去使用价值，这也是农业产业弱质的重要原因之一。第四，农产品并且农业也受到自然再生产过程的约束，一般对市场信号的反应滞后，不能像工厂一样及时调整生产，对市场信号迅速作出反应，因此不利于农业同其他行业的竞争。这些特点成为农业风险损失的可变动性和道德风险特殊性的原因。

（二）农业生产仍在很大程度上依存于自然条件

作为自然再生产的农业是农业生物与其他生物之间、农业与自然环境之间的有机系统，由此决定了农业对土壤、雨量、气候以及生态环境等自然条件的较强依赖。虽然农业的现代化使人们看到了农业革命的曙光，但是自然力仍然在很大程度上给农业生产的广度和深度划定了前提条件。

一般来说，各种农作物和饲养动物对外界条件都有特殊要求。由于土地具有空间固定性，而自然条件又具有地域分布规律的特点，因而是千差万别的，这便使农业生产具有明显的地域性。即农业生产虽然在一定的区域之内普遍具有相似性，但不同地区之间有显著的差异。因此不同地区的农业生产，其生产工艺、耕作方式和技术、经营管理方式、饲养管理技术、适应的品种等，具有独特性甚至不可替代性。农业生产的这种对自然条件的依赖也成为它的集约度远远低于工业生产的主要原因。这一特点为合理、准确厘定农业保险费率和控制农业保险的经营成本带来较大困难。

（三）农产品的需求弹性比较小

农产品的需求扩张受到人的生理需求的限制，对于超出需求的农产品，其效用为零甚至为负数。所以，农产品需求无论是价格弹性还是收入弹性都比较小。越是关系到国计民生的基础性农产品，其弹性越小，生产量的增长受市场价格打击的可能性很大。因此，农业越是远离自给性，市场化程度越高，农民对价格的关心越多于对产量的关心。这就导致一国农业经济的增长速度一般慢于国民经济的增长速度，农业产值在国民经济中的份额也随着经济的发展越来越小。食物消费支出在消费总支出中的比例即恩格尔系数越小，表明一个国家越富有。这是农业劳动者特别是小规模经营的农民收入一般较低的原因之一，是政府忽视农业和农业保险、农民缺乏农业保险购买力或不购买农业保险的重要原因之一，也是美国、加拿大等发达国家的农业产量风险保险向农户收入保险转变的重要原因之一。深刻认识这些特点对认识农业保险产品的特殊性和科学的保险产品设计极其重要。

## 二、农业风险特性

农业保险是农业风险的管理手段，充分认识农业风险特性有助于对农业保险的全面认识。

农业风险是指在农业生产和在对农作物初加工的过程中，因农业风险事故（自然灾害、意外事故、人的行为等）导致财产损失、人身损害后果的不确定性。这种不确定性反映在三个方面：风险事故是否发生不确定、何时发生不确定、风险损失的范围和程度不确定。

依据农业风险产生的原因，可将农业风险分为五类：自然风险、社会风险、政治风险、经济风险和技术风险。

（1）自然风险是指因自然力的不规则变化产生的风险。这种风险的风险事故就是各种自然灾害，例如火灾、水灾、旱灾、风灾、雹灾、冻灾、虫灾、雷电、海啸、泥石流和疫病等。这些灾害会给农业生产带来不确定的损失后果。

（2）社会风险是指由于个人或团体行为，包括过失行为、不当行为以及故意行为对农业生产及农民生活造成损失的可能性。如盗窃、抢劫、纵火、投毒、故意破坏或者管理不善、操作不当对农业财产和农民人身造成损失或损害的可能性。

（3）政治风险又称国家风险，包括因为政局动荡、战争、罢工或国家政策变化对农业生产带来经济损失的可能性，或因上述原因使外国投资和贸易合约执行中断，使债权人遭受损失的可能性。如果因进口国家发生战争、革命、内乱而中止货物进口；或因进口国实行进口货物外汇管制，对进口货物限制或禁止等，造成合同无法履行的风险。

（4）经济风险是指在农业生产和销售等经营活动中，由于受市场供求关系、经济贸易条件等因素变化的影响，或经营者决策失误，对市场前景预测出现偏差等导致经济上遭受损失的风险。如生产量的增减、价格的涨落、经营盈亏等方面的风险。

（5）技术风险是指由于科学技术的发展变化给农业生产带来的风险。

农业风险有许多不同于其他财产保险和人身风险的地方。其主要特点如下：

（一）风险单位大，风险分散难度大

对于农业保险来说，一个风险单位往往涉及数县甚至数省，特别是洪涝、干旱、台风、冰冻雨雪灾害这些风险事故一旦发生，则很可能涉及千千万万农户、上亿公顷的农田；一次流行性疫病，比如曾经席卷欧洲多国家的疯牛病、口蹄疫等，受传染的牛、猪和禽类成千上万。按照大数法则的要求，被保险的保险标的数目要足够大，才能使风险分散，使风险损失接近其期望，保险的财务才可能稳定。但农业风险单位之大，使其在一县一省甚至一个国家的空间内都难以得到有效分散。另外，农业风险单位与保险单位的不一致，有时会给保险人或展业人员造成错觉，未理解如果在一个风险单位内，承保的农户越多，承保的面积越大，风险反而越集中，风险损失会越大，保险人的经营风险也越大。这一特点给农业保险经营带来特殊的困难。

（二）农业风险区域性特征明显

农业灾害特别是自然灾害具有明显的区域性，不同地区的主要灾害种类不同，风险类型、风险频率和风险强度差异都很大。高纬度地区气候寒冷、无霜期短，作物易受冻害；长江、黄河中下游地区，地势低洼，作物易受水涝灾害；西北黄土高原降雨量稀少，经常遭受旱灾。这些特点是由地理和气候分布规律决定的，它为农业保险区划，特别是费率分区的必要性提供了依据。

（三）农业风险具有广泛的伴生性

一种风险事故的发生会引起另一种或多种风险事故的发生，因此农业风险损失也容易扩大，而且由于这种损失是多种风险事故的综合结果，很难区分各种风险事故各自的损失后果。例如，在雨涝季节，高温高湿就会诱发作物病害和虫害。台风灾害往往伴有暴雨灾害，山区的暴风雨灾害还可能导致山洪和泥石流的发生等。在这种条件下，单一风险的保险理赔就会遇到诸多困难，这也是许多国家开办多重风险种植业保险的理由之一。

（四）风险事故与风险损失的非一致性

在很多情况下，农业风险事故甚至重大的农业风险事故，最终不一定导致损失，也许反而会导致丰收。比如洪水灾害会贻害当季作物，但洪水使土壤得到改良，变得肥沃，为下季作物的丰收奠定了基础。同样，一场台风可能使台风中心地区的农作物受损，但台风带来的雨水，可能为附近的农作物解除旱情，创造丰收的条件。另外，动植物本身也具有一定的灾后恢复性。但其他类别的财产风险，通常不具有此类特点。正是因为农业风险的这一特点，农业保险需要特殊的理赔程序和方法。

（五）农业灾害发生的频率较高，损失规模较大

风险事故发生的频率和损失规模是厘定保险费率的基本依据，保险标的所面临的风险事故发生的频率高和损失规模大，费率必然高，反之情况相反。一般财产保险，例如火灾保险，一般情况下风险事故发生的概率在万分之五左右，飞机失事的概率在二百万分之

一。但是农业风险的发生概率很高，同时由于农业保险风险单位大，每次风险损失的规模通常也较大。

### 三、农业保险业务属性及特点

（一）农业保险的准公共物品性质

农业保险的属性问题是一个很重要的问题，刘京生曾在《中国农业保险制度论纲》中，从商品性和非商品性的角度讨论了农业保险属性，提出了农业保险具有商品性和非商品性二重性的观点。在市场经济体系中，人们需要的物品可分为私人物品、公共物品、自然垄断物品和共有资源。在此，我们从公共物品和私人物品的特征对农业保险的性质进行分析。私人物品是既有排他性又有竞争性的物品，公共物品是既无排他性又无竞争性的物品。公共物品具有六个典型特征，即效用上的不可分割性、生产经营上的规模性、消费上的无排他性、取得方式上的非竞争性、成本或利益上的外在性和利益计算上的模糊性。而大多数农业保险尤其是多重风险种植业保险，不具有私人物品的特征而具有大部分公共物品的特征。这也是农业保险在大多数国家通常作为一种保险的主要原因。当然，有一些农业保险（如雹灾）在一些国家可以归为私人物品，也一直存在商业性经营。

（二）农业保险经营的高风险和高成本

农业保险的经营具有高风险特征。农业保险的高风险主要源于农业风险的高风险。如上所述，农业生产在很大程度上依赖于自然条件，也在一定程度上依赖于当地的经济和技术发展水平。虽然当今科技的发展突飞猛进，人类在很多领域都具有驾驭大自然的能力，但即使是像美国、加拿大这样自然条件优越和技术装备先进的国家，其农业生产，特别是农作物生产也频繁遭到自然灾害的袭击。自然灾害的发生不仅频率高，而且一次灾害发生的范围也可能相当广泛，特别是旱、涝、病、虫等灾害，无论是国外还是国内农作物损失率和畜禽死亡率都比较高。损失率和死亡率是厘定保险费率的基础和依据，损失率和死亡率高，纯保险费率必然也高。

农业保险不仅损失率、死亡率高，费用率也相当高。农业保险的高费用源于农业在空间上较大的分散性和农业生产的季节性。这些特点首先给风险区划和确定保险费率带来困难、增加工作量。其次，保险的展业宣传、承保续约、查勘定损、理赔兑现等业务工作在时间上比较集中、地域上比较广阔、工作强度很大。这必然使保险人花费比城镇的各种保险人更多的人力、物力和财力成本。

农业保险的高损失率、死亡率和高费用率必然导致高费率。国内外的实践表明，种植业保险的费率最低也在 2% 左右，高的达到 15%～20%，这比家庭财产、企业财产、人身意外伤害等险种的费率高出许多，这样高价的费率必定带来一定问题。

(三) 农业保险的利益存在外在性

从真正意义上的商品交换角度分析，农业保险的供求"双冷"。除上述原因外，还有更深层次的原因，即农业保险所带来的最终利益是外在的、全社会的。在此借用福利经济学的原理做对比分析。

假如没有农业保险，农产品供给曲线是 $S_0$，需求曲线是 $D$，此时的消费者剩余是 $P_1AP_0$，生产者剩余是 $P_0AO$（见图1）。

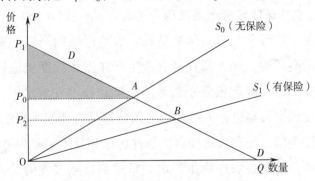

图1 农业保险消费者剩余示意图

农民购买保险后，由于农业保险的上述作用有助于增加农产品的供给和降低农产品价格，必然使供给曲线向右下方移动。假如移动后的供给曲线是 $S_1$，再假定农产品需求是缺乏弹性的，那么供给曲线的移动使农产品价格下降，均衡价格由 $P_0$ 降到 $P_2$。此时的消费者剩余净增量为 $P_0ABP_2$。价格变化也使生产者剩余由原来的 $P_0AO$ 变为 $P_2BO$（见图 2），而 $P_2BO$ 可能比 $P_0AO$ 大，也可能比 $P_0AO$ 小，即生产者剩余的增量可能为正，也可能为负。但对于整个社会来说，社会福利即社会剩余的增量即 $\triangle ABO$ 的面积总是正值。这说明引进种植业保险后提高了整个社会的福利水平，而社会福利增量取决于供给曲线 $S_0$ 向 $S_1$ 方向移动的程度，即农民参与种植业保险的程度和需求弹性的大小。当农民的参与程度提高，农产品供给弹性就会增大，同时需求弹性减小，社会福利的增量也会增加。即 $\triangle ABO$ 的面积扩大，但生产者剩余逐渐减少并向消费者转移。以致生产者的最终利益比引入农业保险前减少（生产者剩余的增量为负），从而导致农业的平均利润下降。

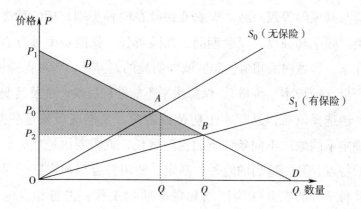

**图 2　农业保险社会福利图**

由上述理论分析可见，引进农业保险，保险人并不得益，被保险农户在一定阶段可从中获得利益，而广大消费者才是最大和最终的获利者。这也充分解释了农业保险商业性经营在各个国家失败或者发展缓慢的原因。

（四）农业保险的经营存在特殊的技术障碍

1. 保险费率难以厘定

农业灾害损失在年际间差异很大，纯费率要以长期平均损失率为基础，但有关农作物和畜禽生产的原始记录和统计资料极不完整，长时间的、准确可靠的农作物收获量以及损失程度资料、畜禽疫病死亡资料难以收集，耕地分布和权属资料也很难获取，这就给农业保险费率的精确厘定带来特殊困难。费率厘定难，就会在很大程度上影响到经营的稳健性和可持续性。

2. 合理的保险责任难以确定

各地区的农业实践千差万别，就在一县或一乡之内，其耕作制度、作物种类、品种和畜禽结构、自然地理和社会经济条件、灾害种类和频率强度等各不相同。而保险经营的原则之一就是风险的一致性，也就是说，同一作物或畜禽的同一险种的保险标的，其保险责任应与其风险等级一致。即农业保险在险种类别、标的种类、灾害种类及频率和强度、保险期间、保险责任、保险费率等方面，表现出在某一区域内的相似性和区域外明显的差异性。一旦保险风险、保险产量（或成本、价格）、保障水平不能准确反映产量及其变化的差异，逆选择就难以从根本上防范或避免。要准确反映这些差异，合理确定不同地区不同条件下的保险责任，就需要因地制宜，根据当地的特点，开办适当的险种，制定、使用符合当地实际的保险条款，并科学开展农业保险区划和费率厘定工作，进行相应的业务管理。

3. 定损理赔成本高

一般财产保险的标的是无生命的，保险价值容易确定，定损理赔相对容易。而农业保险的标的都是有生命的动植物，标的价格在不断变化，赔款应根据灾害发生时的价值计算，而此时农作物还未成熟、畜禽处于生长过程中，要科学估测损失程度，预测未来产量以及市场价值难度较大。对于特定风险保险，还要从产量的损失中区分保险责任之外的灾害事故所造成的损失，难度较大。除去定损技术难度，理赔难还表现在人为的干预，这些问题都很突出。

4. 小规模经营难以分散风险

农业风险单位很大，水灾、旱灾、风灾等农业风险多为数省一个风险单位，小者一省也不过几个风险单位，因此由一县、一地或一省经营农业保险，风险很难在空间上进行分散。当然，保险的风险分散不仅包括空间上的分散，也包括时间上的分散，还可以通过再保险进行分散，但是只靠时间上的风险分散和再保险支持，对于保险人来说仍然具有巨大的冒险性。在保险人处于还没有积累足够的保险基金的情况下，如果发生大的灾害事故，对保险人来说可能会成为灭顶之灾。

（五）农业保险经营中存在难以避免的"搭便车"现象

对于购买农业保险所获取的保障而言，农业保险的消费是排他性的，不购买这种保险就不应该获取发生灾损后的经济补偿，也不应该受益于保险机构的风险管理措施。但是防灾防损是减少风险损失、降低保险经营成本的重要措施，在实施防灾防损措施时，不买保险的农户常常可以"搭便车"。例如，山东德州开办了棉花保险，保险公司为防冰雹专门为投保地区的农民购置了防雹高射炮，一旦发现降雹乌云，即刻高炮轰击，减少雹灾发生的次数和损失程度。但是对于该区域没有投保的农民来说，即使没有购买保险也可同样享受到保险机构防灾工作的成效。这样不仅会影响到未来农户投保的积极性，也会导致投保农户对农业保险"公平"的质疑。

上述农业保险的特点决定了在一定范围和时期内，其效用是可以分割的。农业保险经营必须考虑规模化，这既是一般保险产品经营的要求，更是农业风险和农业保险经营风险发生的特点和规律要求。只有规模经营，才能发挥其规模经济效益，提高经营的可持续性和社会资源的利用效率。同时又由于农业保险的准公共物品性，农业保险作为政策性保险必须采取"政府引导、市场运作、自主自愿和协同推进"的管理体制和运行机制，这也是农业保险健康、可持续发展的必然选择和科学之道。

第三章

全球农业保险市场发展现状

　　本章主要分析全球农业保险市场发展现状，研究资料和数据主要来源于世界银行 2008 年所作的调查及其研究报告（Mahul et al.，2010），以及瑞士再保险公司的刊物 Sigma 所刊登的关于新兴市场农业保险与粮食安全的研究报告 *Partnering for Food Security in Emerging Markets*（《携手应对新兴市场的粮食安全问题》）（瑞士再，2013），这两篇报告对全球农业市场，特别是新兴市场的农业保险作了最新的描述。

　　为了了解国际农业保险的经验以及考察政府支持农业保险的方式，世界银行于 2008 年对 65 个国家（占世界上所有开展农业保险 104 个国家的 62%）的农业保险作了问卷调查，包括 21 个高收入国家，18 个中高收入国家，20 个中低收入收入国家以及 6 个低收入国家（见表 1）。

表 1　　　　　　　　世界银行调查的国家范围

| 发展程度 | 有农业保险的国家 | | | 调查中包含的国家（个） | 占所有国家的比例（%） |
|---|---|---|---|---|---|
| | 开展农业保险的国家（个） | 开展试验项目的国家（个） | 合计（个） | | |
| 高收入国家 | 38 | 2 | 40 | 21 | 52 |
| 中等偏上收入国家 | 27 | 0 | 27 | 18 | 67 |
| 中等偏下收入国家 | 17 | 8 | 25 | 20 | 80 |
| 低收入国家 | 4 | 8 | 12 | 6 | 50 |
| 全部国家 | 86 | 18 | 104 | 65 | 52 |

　　世界银行的调查表明，在大多数国家，商业保险业都以各种形式参与了农业保险项目。在 54% 的被调查国家中，农业保险完全由

商业保险企业提供（通常是私营有限责任公司，但也包括相互制公司、合作社以及小额信贷机构保险人）。9%的被调查国家农业保险完全由公共部门提供（包括哥斯达黎加、伊朗、以色列、毛里求斯、塞浦路斯、尼日利亚）。37%的被调查国家由公共部门和私营部门共同提供（见表2）。绝大多数被调查国家（占总数的82%）同时提供种植业和养殖业保险。10个国家（占总数的15%）仅提供种植业保险，2个国家（孟加拉国和蒙古）仅提供养殖业保险。

表2　　　　　　　　　世界各国农业保险供给概况

| 发展程度／地区 | 国家数量（个） | 私营（%） | 公共（%） | 公私合作（%） | 共同保险联合体（%） | 仅种植业保险（%） | 仅养殖业保险（%） | 种植业和养殖业保险（%） |
|---|---|---|---|---|---|---|---|---|
| 发展程度 | | | | | | | | |
| 高收入国家 | 21 | 62 | 10 | 29 | 5 | 5 | 0 | 95 |
| 中高收入国家 | 18 | 61 | 11 | 28 | 11 | 17 | 0 | 83 |
| 中低收入国家 | 20 | 55 | 5 | 40 | 20 | 30 | 5 | 65 |
| 低收入国家 | 6 | 0 | 17 | 83 | 17 | 0 | 17 | 83 |
| 全部国家 | 65 | 54 | 9 | 37 | 12 | 15 | 3 | 82 |
| 地区 | | | | | | | | |
| 非洲 | 8 | 25 | 25 | 50 | 13 | 13 | 0 | 88 |
| 亚洲 | 12 | 25 | 17 | 58 | 25 | 8 | 17 | 75 |
| 欧洲 | 21 | 62 | 5 | 33 | 14 | 5 | 0 | 95 |
| 拉美和加勒比海地区 | 20 | 70 | 5 | 25 | 5 | 35 | 0 | 65 |
| 北美洲 | 2 | 50 | 0 | 50 | 0 | 0 | 0 | 100 |
| 大洋洲 | 2 | 100 | 0 | 0 | 0 | 0 | 0 | 100 |
| 全部国家 | 65 | 54 | 9 | 37 | 12 | 15 | 3 | 82 |

本书将主要结合世界银行的调查数据以及瑞士再保险公司的研究报告，分析全球农业保险市场的保费收入规模、制度框架与提供主体、产品、销售渠道、投保方式以及再保险市场等发展状况。

## 一、全球农业保险增长态势

自 2003 年以来，世界农业保险保费收入规模大幅增长，主要有以下三个方面的原因：

第一，由于日用商品价格普遍上涨，作为保险标的的农作物和牲畜总价值相应提高，带来了保费的增长。

第二，新兴市场（如巴西、中国和东欧）的农业保险增长迅速。

第三，一些主要国家对农业保险保费补贴的支持增加，导致这些国家的农业保险发展迅速。比如巴西、中国、韩国、土耳其以及美国。

据估算，在 2003—2005 年，全球农业保险保费规模在 70 亿～80 亿美元（Kasten，2005；Guy Carpenter，2006）。在 2008 年，这一数字增长到了 210 亿美元（Paris Re，2008）。

世界银行的调查表明，2007 年全球 65 个国家的农业保险保费规模估计在 151 亿美元。其中，种植业保险保费收入为 135 亿美元（90%），养殖业保费收入为 16 亿美元（10%）。农业保险保费高度集中在 21 个高收入国家，其保费收入为 131 亿美元（86%），平均相当于这些国家农业 GDP 的 2.34%。相比之下，中高收入国家的农业保险保费收入占农业 GDP 的比例仅为 0.29%，在中低收入国家该比例仅为 0.16%，在 6 个低收入国家，该比例不到 0.01%。北美洲占全球农业保险保费收入的 64%（96 亿美元），接下来是欧洲（17%）、亚洲（15%）、拉丁美洲和加勒比海地区（3%）、大洋洲（0.7%）、非洲（0.4%）。非洲除南非外几乎没有农业保险，种植业保险和牲畜保险等非常不发达。

表3　　　　　　　　　世界各国农业保险保费规模（2007 年）

| 发展程度 / 地区 | 国家数量（个） | 种植业保险保费（百万美元） | 养殖业保险保费（百万美元） | 农业保险保费（百万美元） | 占全球农业保险保费的份额（%） | 农业保险深度（保费占农业GDP 的百分比）（%） |
|---|---|---|---|---|---|---|
| 发展程度 | | | | | | |
| 高收入国家 | 21 | 11869 | 1192.3 | 13061.3 | 86.48 | 2.34 |
| 中高收入国家 | 18 | 872.6 | 40.1 | 912.7 | 6.04 | 0.29 |
| 中低收入国家 | 20 | 789.3 | 334.1 | 1123.5 | 7.44 | 0.16 |
| 低收入国家 | 6 | 0.2 | 4.8 | 5 | 0.03 | 0 |
| 所有国家 | 65 | 13531.1 | 1571.4 | 15102.4 | 100 | 0.92 |
| 地区 | | | | | | |
| 非洲 | 8 | 58.5 | 5 | 63.5 | 0.42 | 0.13 |
| 亚洲 | 12 | 1265.9 | 1047.1 | 2313 | 15.32 | 0.31 |
| 欧洲 | 21 | 2102.6 | 434.8 | 2537.4 | 16.8 | 0.64 |
| 拉美和加勒比海地区 | 20 | 461.3 | 26.3 | 487.6 | 3.23 | 0.24 |
| 北美洲 | 2 | 9597.2 | 3.2 | 9600.4 | 63.57 | 5.01 |
| 大洋洲 | 2 | 45.6 | 54.9 | 100.5 | 0.57 | 0.38 |
| 所有国家 | 65 | 13531.1 | 1571.4 | 15102.4 | 100 | 0.92 |

　　2007 年，农业保险保费收入高度集中在保费收入排名前十位的国家，其中大部分都是高收入国家。美国在全球农业保险市场中居于主导地位。美国有两个大的种植业保险项目，一是 FCIP 联邦种植业保险项目，提供政府补贴的多重风险种植业保险；二是商业的无补贴的农作物雹灾保险项目。此外还有很多规模小得多的养殖业保险项目。美国农业保险保费收入占全球的 56%，占其农业 GDP 的5.2%。其他大的农业保险市场是日本、加拿大、西班牙和中国。在2007 年中国农业保险保费收入排名世界第五位，2008 年中国农业保险保费达到 110.7 亿元人民币（约 17.5 亿美元），跃居世界第二位（Air Worldwide，2009）。

保费补贴是这十个最大农业保险市场中大多数国家农业保险的主要特征。在美国，2007 年保费补贴达到 38 亿美元（相当于 58% 的 FCIP 净保费和 48% 的原始保费收入）。在伊朗，保费补贴占总保费的 69%。法国养殖业保险和大部分农作物雹灾保险是没有保费补贴的（自 2005 年以来，少数果树和蔬菜多种风险保险享有 35% 的保费补贴）。在阿根廷，私营的农作物雹灾保险市场已经在没有补贴的情况下开展了近 100 年，并且只有少数的农作物（如烟草和酿酒葡萄）享有地方省政府的保费补贴。

表 4　　　　　　2007 年农业保险前十位国家的保费收入

| 国家 | 种植业和养殖业保险公司数量（家） | 政府保费补贴水平 | 农业保险保费（百万美元） | 占全球农业保险的百分比（%） | 农业保险深度（农业保险保费占农业 GDP 的百分比）（%） |
|---|---|---|---|---|---|
| 美国 | 17 | 非常高 | 8511 | 56.4 | 5.2 |
| 日本 | 300 | 非常高 | 1111 | 7.4 | 1.8 |
| 加拿大 | 59 | 高 | 1090 | 7.2 | 4.1 |
| 西班牙 | 1 | 高 | 809 | 5.4 | 1.6 |
| 中国 | 9 | 高 | 682 | 4.5 | 0.2 |
| 意大利 | 28 | 高 | 383 | 2.5 | 0.9 |
| 法国 | 14 | 有限 | 366 | 2.4 | 0.6 |
| 俄罗斯 | 69 | 高 | 315 | 2.1 | 0.6 |
| 伊朗 | 1 | 非常高 | 241 | 1.6 | 0.8 |
| 阿根廷 | 33 | 非常有限 | 240 | 1.6 | 1 |
| 前 10 位国家合计 | | | 13746 | 91 | 1.6 |

　　根据瑞士再保险公司估算，2011 年全球农业保险保费收入约为 235 亿美元。与 2005 年相比，保费几乎增长了三倍，年均增长率达到 20%（见图 3）。如果和同期全球农业总产值的年均增长率相比（11%），农业保险保费增长几乎是其两倍。全球农业保险的快速发展，主要是受到新兴市场〔包括拉丁美洲、中欧和东欧、亚洲新兴

市场、中东（不包括以色列），以及中亚、土耳其和非洲地区〕的推动。2005—2011 年间，新兴市场农业保险保费年均增速将近 30%，2011 年保费规模达到 52 亿美元。新兴市场农业保险保费占全球农业保险保费的比重从 2005 年的 13.4% 增至 2011 年的 22%。其中，中国和印度是两个最主要的增长引擎，其 2011 年占新兴市场农业保险保费收入的 62%。

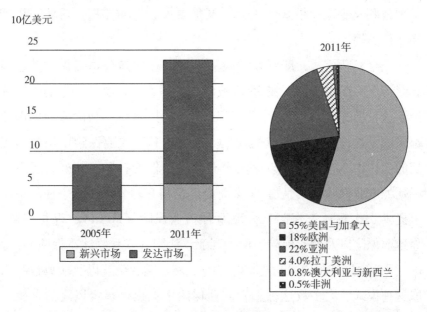

资料来源：世界银行、瑞士再保险经济研究及咨询部。

**图3　2005 年和 2011 年全球农业保险保费估计值**

据佳达等国际再保险经纪人最新估算，2013 年全球农业保险保费估计超过 250 亿美元，2013 年中国农业保险保费超过 306.7 亿元人民币（约 50.2 亿美元），中国已成为世界第二以及亚洲第一大农业保险市场。

## 二、主要模式

农业保险拥有很多种制度模式，主要可分为公共部门模式、完全私营模式和公私合营模式。

最少见的是公共部门模式，即由一家国营或者半国营的保险公司，通常在公共部门的再保险支持下，全权负责农业保险的经营，只有少数几个国家采用这种模式。印度国家农业保险项目（NAIS）就采取这种模式，该项目是通过国有的印度农业保险公司实施的。其超过保费收入的损失，由联邦政府和州政府分别承担50%。其他采用公共农业保险模式的国家包括加拿大、塞浦路斯、希腊、伊朗和菲律宾等。

完全私营模式，即农业保险完全由商业保险公司提供，并且由私营再保险提供支持。在65个被调查的国家中，超过一半的国家采用了这种模式，62%的欧洲国家与70%的拉美和加勒比海地区国家都采取了这种占主导地位的模式。最大的私营农业保险市场包括美国的农作物冰雹保险，该保险没有政府的保费补贴。此外，还有阿根廷的农业保险，其是由29家商业以及相互制公司在竞争性的市场上提供农作物冰雹保险、多风险种植业保险（MPCI）、森林保险、养殖业保险以及渔业保险。澳大利亚、法国（农作物冰雹保险）、德国（农作物冰雹保险和养殖业保险）、新西兰、南非以及瑞典也都采取这种模式。大多数这种私营农业保险市场提供指定风险的种植业保险。

公私合作模式（PPP模式）中，私营保险公司在政府的支持和帮助下提供农业保险，这种支持通常是保费补贴，也经常包括再保险支持。最广泛的公私合作模式是西班牙和土耳其的国家农业保险方案。在这两个国家，私营的垄断共保体被授权在全国范围内经营有保费补贴的农业保险，再保险由公共和私营部门共同承担。韩国也由唯一的一家全国合作保险机构提供种植业和养殖业保险，政府提供保费补贴、管理和运营费用补贴以及再保险补贴等支持。在另一种公私合作模式中，私营保险公司可以通过市场竞争获取业务，但是为了有资格获得公共部门提供的保费补贴，必须遵循严格的保单设计和费率标准。美国的联邦种植业保险项目（FCIP）以及葡萄牙政府发起的气象灾害风险防护系统（SIPAC）都属于这种情况。在其他国家，公私合作模式更为松散，政府的主要角色就是被动地提供保费补贴和再保险。巴西、智利、法国（保费补贴的 MPCI 产品正逐渐增加）、意大利以及墨西哥都采取这类模式。

表5　　　　　　　　　世界农业保险制度模式

| 模式 | 特征 | 例子 |
|---|---|---|
| 公共模式 | 通常有唯一的或者垄断的保险人；<br>政府是唯一或者主要的再保险人。 | 加拿大、塞浦路斯、希腊、印度、伊朗、菲律宾 |
| 没有国家支持的私营模式 | 商业或者相互制保险公司（非寿险公司或是专业农业保险公司）；<br>积极参与市场竞争；<br>从国际商业再保险市场上购买比例或者非比例再保险。 | 阿根廷、南非、澳大利亚、德国、匈牙利、荷兰、瑞典、新西兰 |
| 公私合作模式 | | |
| 垄断保险人经营的国家农业保险方案 | 国家补贴下的私营部门提供的种植业和养殖业保险，通过单一的实体提供标准保单和统一的费率结构，该实体负责理赔。在该模式下，政府提供高水平的保费补贴和再保险支持。 | 私营共同保险联合：西班牙、土耳其<br>单一国家保险人：韩国 |
| 较高管制水平下的商业竞争模式 | 商业保险公司参与市场竞争，但政府严格控制保单的设计和费率的标准，并且保险人为了获得政府的保费补贴，要向所有类型和所有地区的农民提供农业保险。 | 葡萄牙、美国 |
| 较低管制水平下的商业竞争模式 | 私营的保险公司可以自己选择开展农业保险的地区以及承保风险，并自己制定保费水平，政府的主要角色是提供保费补贴。 | 巴西、智利、法国、意大利、墨西哥、波兰、俄罗斯 |

### 三、特殊模式——共保体

9 个国家采用了共保体模式。其中最著名的是西班牙，由 21 家商业保险公司、7 家相互制保险公司及国家巨灾再保险公司联合组成了农业保险有限公司（Agroseguro）。土耳其于 2006 年建立了 Tarsim 共保体，提供有保费补贴的种植业和养殖业保险。澳大利亚也有农业保险共保体。中国的农业保险直保共保体主要是在浙江、海南等地，通常是由中国人民财产保险公司首席承保，经营某些省份的种植业、养殖业、林业以及渔业保险。另外，马维拉有一个农作物天气指数保险共保体，蒙古有养殖业保险赔偿共保体。共同保险具有重要的成本优势。共保体由居于领导地位的保险公司负责或者由共保体指定代理人负责经营。

表6 世界各国农业保险共保体安排

| 国家 | 建立时间 | 描述 |
|---|---|---|
| 阿根廷 | 2005 | 门多萨省果树和葡萄园冰雹保险方案是由 Sancor 和 La Segunda 领导的共保体提供的，该共保体由很多其他当地商业保险公司组成。阿根廷农业保险市场十分活跃，充满竞争性。 |
| 澳大利亚 | 1947 | 澳大利亚冰雹灾害共保体是由 17 家公司共同成立的，它是农作物冰雹保险的唯一提供者。 |
| 中国 | 2006 | 两个农业保险共保体都是由中国人民财产保险公司（PICC）主承保的，一个是浙江省共保体（承保种植业、养殖业、林业和渔业），另一个是海南农业共保体（承保种植业、养殖业、林业）。PICC 负责该共保体的管理和理赔服务。 |
| 马拉维 | 2006 | 气象灾害种植业保险由国内保险公司以共保的方式进行试点，该共保体由保险公司协会负责协调。 |

| 国家 | 建立时间 | 描述 |
|---|---|---|
| 蒙古 | 2006 | 四个私营保险公司通过公私合作的牲畜保险共保体开展牲畜死亡率指数保险。 |
| 菲律宾 | 1978 | 由 14 家机构组成公私合作的牲畜保险共保体，由政府保险服务系统（GSIS）以及菲律宾养殖业经营服务公司（PLMSC）负责经营。还有另外一家经营种植业和养殖业保险的保险人。 |
| 西班牙 | 1980 | Agroseguro 是世界上最大的公私合营农业保险共保体，共同保险人组成这一家专业的农业保险公司，来经营西班牙国家农业保险方案。2008 年 Agroseguro 包含 28 个私营保险公司股东，6 个相互制保险公司成员，以及国家再保险人 Consorrcio de Compensacion de Seguros。最大的股东和共同保险人是 Mapfre 保险公司，拥有共保体 30％ 的股份。西班牙没有另外的农业保险保险人。一些自愿投保的森林保险和渔业保险不在该方案中。 |
| 土耳其 | 2006 | 农业保险共保体 Tarsim 是一家专业的农业保险公司，由 16 家商业保险公司组成，每一家拥有 6.25％ 的股份。共保体 Tarsim 经营种植业和养殖业保险。在土耳其没有其他公司提供农业保险。 |
| 乌克兰 | 2000 | 两个共保体方案正在运营。大量竞争性的保险公司提供种植业和养殖业保险。 |

## 四、主要产品

### （一）种植业保险产品

世界各国种植业保险产品可以分为两类：传统的损失补偿型产品和指数型产品。

表7　　　　　　　不同国家和地区的传统补偿性保险和指数保险

| 发展程度<br>地区 | 传统补偿保险 | | | | | | 指数保险 | | |
|---|---|---|---|---|---|---|---|---|---|
| | 国家数量（个） | 列明风险保险（%） | 多重风险MPCI（%） | 作物收入保险（%） | 温室保险（%） | 森林保险（%） | 区域产量保险（%） | 天气指数保险（%） | 标准化植被干旱指数/卫星指数保险（%） |
| 发展程度 | | | | | | | | | |
| 高收入国家 | 21 | 100 | 48 | 5 | 62 | 48 | 10 | 10 | 14 |
| 中高收入国家 | 18 | 67 | 72 | 0 | 33 | 56 | 11 | 17 | 6 |
| 中低收入国家 | 20 | 45 | 85 | 5 | 25 | 20 | 25 | 35 | 10 |
| 低收入国家 | 6 | 50 | 17 | 0 | 17 | 33 | 17 | 33 | 0 |
| 地区 | | | | | | | | | |
| 非洲 | 8 | 50 | 50 | 0 | 13 | 50 | 25 | 38 | 0 |
| 亚洲 | 12 | 58 | 58 | 8 | 25 | 25 | 17 | 25 | 17 |
| 欧洲 | 21 | 95 | 48 | 0 | 62 | 29 | 5 | 0 | 5 |
| 拉美和加勒比海地区 | 20 | 50 | 90 | 0 | 25 | 50 | 15 | 30 | 5 |
| 北美洲 | 2 | 100 | 100 | 50 | 50 | 50 | 100 | 100 | 100 |
| 大洋洲 | 2 | 100 | 0 | 0 | 100 | 100 | 0 | 0 | 0 |
| 所有国家 | 65 | 69 | 63 | 3 | 38 | 40 | 15 | 22 | 9 |

1. 损失补偿型种植业保险

损失补偿型种植业保险产品有两个类别：一是灾害补偿型保单，包括雹灾保险和列明风险种植业保险（欧洲称为多重风险保险）；二是产量补偿型产品，包括 MPCI 产量保险以及农作物收入保险，可以补偿农作物的物质损失以及市场价格带来的损失。

列明风险的种植业保险是最普遍的保险产品，69%的受调查国家销售这种产品。所有高收入国家都提供列明风险种植业保险（主要是冰雹或者附加其他列明风险）。与此相比，只有45%的中低收入国家和50%的低收入国家提供列明风险的种植业保险。存在这种差别是因为大部分发达国家都处在气候比较温和的地区（欧洲、北美洲以及大洋洲），面临着适合列明风险保险承保的可观的冰雹和霜冻风险。冰雹并不是亚热带和热带的主要风险。

产量补偿的 MPCI 是第二普遍的产品，63% 的被调查国家销售这种产品。不到一半的高收入国家销售这种产品，在大洋洲不存在该产品。MPCI 在中高收入国家（72%）以及中低收入国家（85%）更加普遍，特别是在拉丁美洲和加勒比海地区（90%）。超过一半的参加调查的亚洲国家，包括中国、伊朗、哈萨克斯坦以及菲律宾都提供这种产品。南非是唯一提供无补贴的 MPCI 产品的国家。在所有被调研的低收入国家中，埃塞俄比亚是唯一提供 MPCI 产品的。

近年来，尽管像 MPCI 这类的产量保险已经开始在更广泛的地域开展，但是许多 MPCI 项目在实施中面临严重的困难，包括保险定价难度大、缺乏减少潜在道德风险的合同设计标准等。

38% 的国家提供温室保险，包括 62% 的高收入国家，特别在欧洲国家非常广泛。1/4 的亚洲国家和拉美及加勒比海地区国家提供这一产品。

虽然林木火灾保险受到严格的再保险限制，但令人惊讶的是，40% 的国家经营林木火灾保险。然而，在多数情况下，这一市场仅限国际再保险人以成数再保险方式承保的数量较小的特定风险。最大的森林火灾保险市场在中国、智利、大洋洲以及斯堪的纳维亚半岛。加拿大不提供商业性的建筑用材保险。美国只在与国际市场签署代理协议的十分有限的范畴内经营这一保险。

2. 指数保险

指数保险包括三种主要的产品形态：

第一，区域产量指数保险。该种产品是 20 世纪 50 年代初期在瑞典首先被采用的。自 1979 年以来，印度在全国范围内推广了这种产品。1993 年，美国也开始提供这种产品。

第二，天气指数保险。这种产品在 2002 年开始被商业化经营。

第三，标准化植被指数/卫星指数保险（Normalized Difference Vegetation Index/Satellite Index Insurance）。该产品应用于几个国家的牧场。

2007年，9个国家（15%）经营区域产量指数保险。按该产品的规模来排序，印度规模最大，每年有约2000万农民受到NAIS项目的保障；之后是美国、加拿大、墨西哥、摩洛哥、伊朗以及乌克兰。近年来，秘鲁和塞内加尔开始试点这种保险产品。

现在有14个国家（22%）主要以试点的方式开展农作物天气指数保险。亚洲、非洲和中美洲的低收入国家正在试点这种保险。虽然第一张农作物天气指数保险保单2002年才在印度出现（是为花生种植者提供的承保降水量不足的BASIX – ICICI Lombard项目），但之后这种产品就以令人惊讶的速度被多国采用。

目前大规模商业化经营该产品的国家只有加拿大、印度、墨西哥和美国；其他几个国家也在试点推行这种产品，比如中国、埃塞俄比亚、危地马拉、洪都拉斯、马拉维、尼加拉瓜、秘鲁和泰国。

作为包括生产投入供给和信贷在内的一揽子项目的一部分，马拉维已经开展了多种农作物的天气指数保险试点，包括玉米和烟草。经营标准化植被指数/卫星指数保险的国家有加拿大、伊朗、墨西哥、西班牙和美国。印度已经针对大田作物试点开展这种技术。

**表8**                 **损失补偿型和指数型农业保险产品**

| 保险类型 | 描述 |
|---|---|
| 传统种植业保险 | |
| 基于灾害损失的补偿型保险（列明风险的种植业保险） | 该保险的赔付金额要根据灾害发生后，实地测量损失的百分比来估算。该损失率扣除免赔率再乘以保险金额，就是赔付的金额。而保险金额可以依据生产成本或者预期收入事先确定。如果损失不能在灾害发生后立刻精准确定，评估工作可以推迟到该收获季节结束。损失补偿保险通常在雹灾保险中使用，此外也适用于其他列明风险保险，比如霜冻、雨水过量以及风灾。 |

| 保险类型 | 描述 |
|---|---|
| 传统种植业保险 | |
| 基于产量损失的种植业保险（MPCI） | 该保险根据投保农户的历史平均产量确定出保险金额（如吨/公顷），通常是农场平均产量的 50% ~70% 。如果实际产量小于保险金额，那么保险赔付等于实际产量和保险金额的差额。该保险通常承保多风险（多种不同原因所造成减产），因为确定造成减产损失的确切原因非常困难。 |
| 农作物收入损失保险 | 该保险将传统的产量损失保险与销售农产品时的价格变动造成的收入损失风险结合在一起。截至 2009 年，该产品仅以市场化的方式在美国销售。承保的农作物包括在芝加哥交易所进行期货交易的谷物和油菜籽。 |
| 温室保险 | 既承保温室结构和设备的风险损失，也像传统的种植业保险一样承保温室中农作物的风险（通常限于列明风险责任）。 |
| 森林保险 | 传统的基于灾害损失的补偿保险承保建筑用材的火灾和相关风险损失。在森林能够被收获为木材之前，保险价值和赔偿通常根据投资和维护费用来确定。在此之后，根据建筑用材的市场价值确定。 |
| 指数型保险 | |
| 区域产量指数保险 | 该保险的赔付金额要根据一个地区的已经收获的实际平均产量来确定。被保险产量根据该地区平均产量的一定比例（通常为 50% ~90%）确定。如果该地区实际平均产量小于被保险产量，则保险赔偿，无论保单持有人的实际产量是否损失。该指数保险要求该地区的历史产量数据，以便确定平均产量和被保险产量。 |
| 天气指数保险 | 该保险的理赔依据是一个特定气象站测量的事先规定时段内的特定天气指数。该天气指数的高或者低有可能造成农作物的损失。只要指数值超过或者低于设定的阈值，保险就会赔付。赔付金额是根据事先确定的每一指数单位的保险金额计算（比如美元/每毫米降水量）。 |
| 标准化植被指数/卫星指数保险 | 指数的构建运用了时间序列遥感成像技术（比如应用假彩色红外线波段技术的草场指数保险，其理赔依据是标准化的植被指数，该指数反映了雨水不足造成的植被退化）。 |

（二）养殖业保险产品

养殖业保险产品包括传统的动物意外事故和死亡保险，也包括传染病保险和牲畜死亡指数保险产品。传统的个体牲畜的基本保险产品承保列明的意外风险责任和死亡责任。责任范围包含火灾、洪水、雷击及触电等正常风险，通常将疾病，特别是传染病视为除外责任。保费基于允许投保的牲畜年龄范围内的正常死亡率确定，再加上风险和管理成本等附加保费，一般比较昂贵。因为牲畜死亡率显著受到管理者的影响，这种产品总是面临高风险农户的逆选择。畜群保险是将个体动物死亡保险拓展到一大群牲畜上。这一产品包含免赔额，即一定额度之下的损失由保单持有人承担。

一些国家，特别是德国，提供牲畜传染病保险。政府命令的屠杀和隔离通常属于除外责任。牲畜传染病保险面临重大和罕见的巨灾索赔风险，因此高度依赖于再保险提供风险转移。因为很难去建立牲畜传染病传播模型，并且该险种面临很大的财务风险，这种保险很难发展以及得到国际再保险市场的支持。

蒙古已经运用指数保险承保牲畜的死亡风险，因为在蒙古，牲畜的死亡率与一个可以指数化的极端天气参数（即低温）有很高的相关性。在加拿大、西班牙以及美国，卫星图像以及标准化植被指数保险被运用于很多草场和牧场。

三分之二的被调查国家提供牲畜意外事故和死亡保险，38%承保传染病责任。牲畜相互保险在欧洲已经有300年的历史，因此欧洲国家的畜牧业死亡保险及传染病保险覆盖率是最高的。尽管牲畜传染病保险在被调查国家中覆盖率很高，但是这一市场受到几家专业国际再保险机构的严格控制，并且在各国的承保也受到限制。德国是世界上最大的牲畜传染病保险市场之一。55%的中低收入国家以及67%的低收入国家提供牲畜养殖业保险，但该产品的市场规模很小。

半数低收入国家还提供其他牲畜保险产品，包括牲畜小额信贷或者信用保证保险。当牲畜在还贷款之前死亡时，这种产品的赔付保证了牧民可以还贷款。

渔业保险，包括海洋和淡水的鱼类、甲壳类和贝类保险，是另一种养殖业保险。三分之一的国家提供这种保险，最大的渔业保险市场在东南亚、智利、加拿大以及挪威。

表9　　　　　　　　　　不同地区的养殖业保险

| 发展程度 / 地区 | 传统补偿性保险 | | | | 指数保险 | |
|---|---|---|---|---|---|---|
| | 国家数量（个） | 意外事故和死亡保险（%） | 疾病保险（%） | 渔业保险（%） | 死亡指数（%） | 其他指数（%） |
| 发展程度 | | | | | | |
| 高收入国家 | 22 | 77 | 55 | 45 | 0 | 14 |
| 中高收入国家 | 17 | 76 | 24 | 29 | 0 | 0 |
| 中低收入国家 | 20 | 55 | 30 | 20 | 5 | 0 |
| 低收入国家 | 6 | 67 | 50 | 17 | 0 | 50 |
| 地区 | | | | | | |
| 非洲 | 8 | 88 | 50 | 13 | 0 | 13 |
| 亚洲 | 12 | 58 | 42 | 42 | 8 | 17 |
| 欧洲 | 22 | 82 | 50 | 45 | 0 | 14 |
| 拉美和加勒比海地区 | 19 | 53 | 21 | 16 | 0 | 0 |
| 北美洲 | 2 | 100 | 0 | 0 | 0 | 0 |
| 大洋洲 | 2 | 50 | 50 | 50 | 0 | 0 |
| 合计 | 65 | 69 | 38 | 31 | 2 | 9 |

## 五、销售渠道

在高收入和中高收入国家的发达的保险市场，农业保险传统上是通过保险代理人或者经纪人进行销售。低收入国家有大量的小规模农业生产者，在这些国家发展低成本的销售和管理农业保险的渠道是一个主要的挑战。

各国种植业和养殖业保险采用多种多样的分销渠道。在欧洲，保险公司通过销售代理人或合作社销售种植业保险，在销售农作物雹灾保险中的作用尤其重要。在亚洲,销售代理人和经纪人的作用相对较小,合作社/生产者协会以及银行/小额贷款机构是两种主要的渠道。在拉美和加勒比海地区,经纪人发挥着主导性的作用,其次是银行/小额贷款机构。在非洲,没有任何国家和公司通过农村的银行业机构销售农业保险,但一些小额贷款机构已经在尝试提供农作物天气指数保险(比如在塞内加尔和坦桑尼亚)。

对于养殖业保险,主要由保险公司销售代理负责销售的国家的比例(62%)要高得多(在欧洲这一比例为90%)。在亚洲,保险公司代理人和合作社是两个主要的销售渠道。在拉丁美洲和加勒比海地区,通过保险公司销售养殖业保险的比重要大于种植业保险。在非洲,50%的养殖业保险通过保险公司的销售代理人销售,银行和合作社在销售产品中也扮演了重要角色。

在发展中国家,农业保险基础设施缺乏,因此可能有更多的农业保险依靠银行服务网络进行销售。农业贷款银行/小额信贷机构已经在从事小农业生产者的信用评估以及贷款拨付,拥有大量的小额借款人客户,因此销售服务网络比较发达。这些机构可以提供信用连接的种植业保险。在被调查的国家中,三分之一的中低收入国家表示其主要的销售渠道是银行和小额贷款机构。这种渠道在亚洲发展得很好。与之相比,非洲在这方面的工作有待提高。在小规模农业生产者数量众多的情况下,与银行结合可能是农业保险最经济的销售方式了。

对于许多集中运销组织经营的保险项目,保费都在源头上就扣除了(这类组织会在农作物销售收入中直接扣除保费付给保险公司),这样与参保农民的联系快捷和简便,赔偿也非常及时。一个例子就是Wincrop香蕉风暴保险项目和毛里求斯糖保险基金。其中,香蕉风暴保险项目的参加者是温德华群岛(多米尼加岛、格林纳达、圣卢西亚、圣文森特和格林纳丁斯群岛)的小规模香蕉出口生产者。

印度和肯尼亚也有这种保险产品与订单农业相连接的方式。

### 六、强制保险与非强制保险

农业保险实行强制参保的理由主要有两个：一是强制保险减轻了保险人面临的逆选择问题；二是强制投保使得保险人达到足够的规模来分散风险，并且降低每个被保险人分担的管理成本。很多新的自愿投保的种植业保险在最初的几年总是面临着很低的投保率，因而从未达到可以分散风险的规模。

78%的被调查国家农业保险是自愿投保的，有13%的国家种植业或养殖业保险采取强制投保的方式。在11%的国家中，季节性农作物生产贷款或者养殖业投资贷款的借款人被强制投保农业保险。

强制投保农业保险的国家（地区）包括塞浦路斯、日本、哈萨克斯坦、毛里求斯、荷兰、瑞士以及温德华群岛。塞浦路斯为所有农作物提供政府强制的保险，日本的保费补贴的水稻保险已经开展了很多年。哈萨克斯坦的种植业保险是强制的，但是养殖业保险是自愿的。毛里求斯要求大于0.04公顷的农作物投保火灾、风暴、干旱、涝灾以及黄斑病的保险。荷兰和瑞士强制要求所有的养殖业主投保牲畜传染病保险。温德华群岛的出口香蕉被要求投保风暴保险。

另有7个国家（11%），都是中低收入或低收入国家，将参加种植业或养殖业保险作为获得贷款的一个条件。这些国家包括孟加拉国、厄瓜多尔、洪都拉斯、印度、摩洛哥、尼泊尔和菲律宾。

表10　　　　　　　部分国家农业保险的投保方式

| 国家（地区） | 种植业保险 | 养殖业保险 | 注释 |
|---|---|---|---|
| 高收入国家 | | | |
| 日本 | 强制 | 自愿 | 主要农产品强制投保（0.3公顷以上的小麦、大麦、水稻）。养殖业、水果、果树以及温室保险为自愿。 |

续表

| 国家（地区） | 种植业保险 | 养殖业保险 | 注释 |
|---|---|---|---|
| 高收入国家 | | | |
| 荷兰 | 自愿 | 传染病保险强制 | |
| 瑞士 | 自愿 | 传染病保险强制 | |
| 中高收入国家（地区） | | | |
| 毛里求斯 | 强制 | 不适用 | 《甘蔗法案》规定，大于 0.04 公顷的甘蔗必须投保风暴保险。 |
| 温德华群岛（多米尼加岛、格林纳达、圣卢西亚、圣文森特和格林纳丁斯群岛） | 强制 | 不适用 | 多米尼加岛、圣文森特的出口香蕉风暴保险是强制性的，但是圣卢西亚的香蕉保险是自愿的。 |
| 中低收入国家 | | | |
| 厄瓜多尔 | 自愿/强制 | 自愿 | 在公共部门有季节性农作物贷款的小规模农业生产者需要强制投保种植业保险。牲畜保险完全自愿。 |
| 洪都拉斯 | 自愿/强制 | 自愿 | 农业保险主要采用自愿承保方式，但是国有银行 Banadesa 要求农业贷款人投保担保物的保险。 |
| 印度 | 自愿/强制 | 自愿 | 接受了季节性农产品贷款的农民，必须强制投保公共部门的农业保险。对于没有贷款的农民，农业保险是自愿参加的。私营机构的农业天气指数保险是完全自愿的。 |
| 摩洛哥 | 自愿/强制 | 自愿 | 对于借款农户，要强制投保来自 Mutuelle Agricole Marocaine d' Assurance 的干旱保险。冰雹、火灾以及牲畜保险是自愿的。 |

续表

| 国家（地区） | 种植业保险 | 养殖业保险 | 注释 |
|---|---|---|---|
| 中低收入国家 | | | |
| 菲律宾 | 自愿/强制 | 自愿 | 菲律宾国土银行（Land Bank of the Philippines）提供了大部分正式的季节性水稻和玉米的农业贷款。该银行要求贷款的农户购买保险。但有 18% 的水稻保费以及 21% 的玉米保费来自无贷款农户的自愿投保。畜牧养殖业保险是自愿投保的，但是贷款机构也有可能强制要求贷款者投保。 |
| 低收入国家 | | | |
| 孟加拉国 | 没有种植业保险 | 自愿/强制 | 一些小额贷款机构已经要求有贷款的农户强制投保牲畜死亡保险。 |
| 尼泊尔 | 自愿 | 自愿/强制 | 如果农户想要从农村发展银行或者该国唯一的小额贷款机构获得牲畜投资贷款，就必须强制性投保牲畜保险。合作社也将牲畜的贷款和牲畜保险联系起来，尽管在大部分情况下这并不是强制性的。 |

## 七、再保险与风险分散安排

农业保险再保险为农业原保险人提供保险。这种增加风险资本的方式非常关键，因为农业保险存在系统性风险并且有可能造成重大损失。没有再保险，保险公司有可能没有能力满足农业保险的需求，或者面临偿付能力不足的风险。

在三分之二的被调研国家中，农业保险再保险只由私营的商业性再保险人提供。农业保险再保险市场由数量很少的专门从事农业保险的全球性再保险人主导，包括慕尼黑再保险公司、瑞士再保险公司、巴黎再保险公司、汉诺威再保险公司、曼弗雷再保险公司、Partner 再保险公司、法国再保险公司、几个百慕大再保险人以及一些劳合社的专门从事纯种马、牲畜和水产养殖保险的各种辛迪加。再保险人提供了种植业保险、养殖业保险、林业保险以及渔业保险的比例再保险和非比例再保险。

表11                                     世界农业保险再保险概况

| 发展程度／地区 | 国家数（个） | 私营商业性再保险（%） | 政府再保险（%） | 公私合营再保险（%） | 没有再保险（%） |
|---|---|---|---|---|---|
| 发展程度 | | | | | |
| 高收入国家 | 21 | 57 | 10 | 33 | 0 |
| 中高收入国家 | 18 | 67 | 11 | 22 | 0 |
| 中低收入国家 | 20 | 75 | 10 | 15 | 0 |
| 低收入国家 | 6 | 67 | 0 | 0 | 33 |
| 地区 | | | | | |
| 非洲 | 8 | 88 | 0 | 12 | 0 |
| 亚洲 | 11 | 18 | 36 | 28 | 18 |
| 欧洲 | 22 | 68 | 5 | 27 | 0 |
| 拉美和加勒比海地区 | 20 | 85 | 5 | 10 | 0 |
| 北美洲 | 2 | 0 | 0 | 100 | 0 |
| 大洋洲 | 2 | 100 | 0 | 0 | 0 |
| 所有国家 | 65 | 66 | 9 | 22 | 3 |

22%的国家，农业保险再保险是公私合作的。三分之一的高收入国家和15%的中等收入国家采用公私合作再保险，但低收入国家没有采用这种方式。在美国和加拿大，政府向农业保险提供了主要的再保险支持。在欧洲，公共部门以公共部门再保险的形式（如西班牙和土耳其），或通过政府的安排来应对超额索赔的形式（如以色列、意大利、波兰、葡萄牙），在农业保险再保险中扮演着重要角色。公共部门的再保险人在一些中高收入国家中也发挥着重要作用。主要的机构包括巴西的 Instituto Nacional de Resseguro do Brasil；墨西哥专业的半官方的农业保险再保险公司 Agroasemex；土耳其的 Milli Re 再保险公司。三个中低收入国家也有重要的公私合作再保险安

排。在印度的国家农业保险方案（NAIS）中，政府扮演着重要角色，负责为印度农业保险公司（Agricultural Insurance Company of India）提供免费的赔付率超赔再保险。印度公私合作的农作物天气指数险项目的再保险完全由商业性再保险公司提供，包括印度保险公司（General Insurance Corporation of India）以及国际再保险人。中国的国有再保险公司——中国再保险公司为当地的保险公司提供再保险支持，一些省政府则作为共保人为保险公司提供赔付率超赔的保障。

表12　　　　　　　　公私合营的农业保险再保险

| 国家 | 政府再保险 | 描述 |
|------|-----------|------|
| 高收入国家 | | |
| 加拿大 | 联邦政府 | 联邦政府再保险人在五个省采用赔付率超赔再保险，大部分省向国际私营再保险公司购买赔付率超赔再保险。 |
| 以色列 | 政府 | 主要的农业保险人 Kanat 公司同时向政府和国际再保险人购买赔付率超赔再保险。 |
| 意大利 | 政府 | 政府向农作物雹灾和 MPCI 提供比例再保险和赔付率超赔再保险。私营国际再保险为农作物雹灾保险提供非比例再保险。 |
| 韩国 | 政府赔付率超赔再保险 | 政府提供再保险，对赔付率超过180%的部分承担100%的责任。当地保险人对国家农业保险项目提供比例再保险，并且通过比例再保险或非比例再保险的形式将部分责任转分包给国际再保险人。 |
| 葡萄牙 | 气象风险保护系统（SIPAC）政府赔付率超赔再保险 | 当地保险人可以选择国际再保险人或者是政府农作物赔付率超赔再保险。当农业保险在 E 类地区赔付率超过65%，D 类地区赔付率超过80%，或者 ABC 类地区赔付率超过120%时，政府赔付率超赔再保险负责赔偿该损失以上的85%。 |
| 西班牙 | 国家巨灾再保险 | 自1980年以来，Consorcio Nacional de Compensacion de Seguros 已经为 Agroseguro 的可承保风险提供了分层的赔付率超赔再保险，还为一些试点险种提供了超额损失再保险。 |
| 美国 | 联邦政府的标准再保险协议 | 使用标准的再保险协议，14 家经营 MPCI 的保险公司以非常优惠的条件购买联邦政府的再保险。一些公司还购买了私营的商业性损失率超赔再保险。 |

续表

| 国家 | 政府再保险 | 描述 |
|------|-----------|------|
| 中高收入国家 | | |
| 巴西 | 国有再保险公司（Instituto Nacional de Resseguro do Brasil）以及政府赔付率超赔再保险基金（Fundo de Estabilidade do Seguro Rural） | 截至 2007 年，巴西再保险协会已经垄断了所有巴西的再保险，该机构为当地保险人提供非比例再保险，然后将很大的份额向专业的国际再保险机构转分保。 |
| 墨西哥 | 国有的农业保险再保险机构（Agroasemex） | Agroasemex 为私营的商业性种植业及养殖业保险公司提供再保险，为小规模的种植业和养殖业保险提供再保险，也为州政府开展的多种参数的农作物指数保险提供再保险。 |
| 波兰 | 政府的再保险基金 | 政府提供干旱再保险，其他种植业和养殖业保险在国际再保险市场上进行分保。 |
| 土耳其 | 国营再保险公司（Milli Re） | 种植业和养殖业共保体 Tarsim 向 Milli Re 以及以慕尼黑再保险公司为首的国际再保险市场分保。 |
| 中低收入国家 | | |
| 中国 | 国有的再保险人（中国再保险公司）加上省级政府的超赔基金 | 2005 年之前，中国的保险人必须分保给中国再保险公司。这个强制性的要求已经被取消了，现在中国的保险人可以选择分保给中国再保险公司或者是国际再保险人。几乎所有的国际再保险都提供赔付率超赔再保险。部分省级政府也提供了分摊巨灾损失的支持。 |
| 印度 | 国有再保险人（General Insurance Corporation of India）为商业性天气指数保险提供再保险；政府为国家区域种植业保险项目提供再保险 | 农作物天气指数保险被强制向印度保险公司以及国际再保险人投保比例再保险。政府向 NAIS 提供赔付率超赔保障。 |
| 摩洛哥 | 政府 | 对于承保多种农作物的干旱保险，政府自留了第一层再保险责任，其他层次的再保险保障向国际再保险人购买。 |

　　65个受调查国家中的6个国家（哥斯达黎加、塞浦路斯、伊朗、日本、哈萨克斯坦和蒙古）的农业保险再保险仅由政府提供。在两个国家（孟加拉国和尼泊尔）没有农业保险再保险，这两个国家的农业保险仅限于很小规模的牲畜养殖保险，是通过合作社、社区和小额贷款机构开展的。

　　在印度、葡萄牙、西班牙，政府在提供再保险方面发挥着重要作用。印度联邦政府和州政府按50∶50的比例承担NAIS的超额损失，即食品种植业保险损失率超过100%的部分和经济园艺农业保险损失率超过150%的部分。这种保障是免费提供给农业保险的实施机构——印度农业保险公司的。因此，这并不是一个常见的再保险项目。

　　葡萄牙气象风险保护系统（SIPAC）是一个公私合作的农业保险和再保险体系。在这个体系下，政府根据确定的农业风险区域A至风险区域E，提供自愿投保的赔付率超赔再保险。在风险区域E，起赔损失率为65%，风险区域D为80%，风险区域ABC为120%。该项目承担起赔损失率以上损失的85%。

　　西班牙的综合性保险项目是欧洲最大的农业保险项目，承保农作物、牲畜、水产品和森林。由35个保险人组成的共保体Agroseguro负责实施该项目。西班牙国有巨灾再保险人Consorcio Nacional de Compensacion de Seguros为Agroseguro提供综合的超赔再保险。对于传统的险种，赔付率在78%～160%之间，Consorcio提供分层的超赔损失再保险，承担100%的损失。对于试验的险种，包括干旱、洪水、牲畜疾病等系统性风险，Consorcio提供了超额赔付再保险。国际再保险人既参与传统险种的赔付率超赔再保险，为共保体的自留风险提供再保险，也为Consorcio提供多年赔付率超赔的转分保保障。

　　毛里求斯甘蔗保险基金会是一个风暴和干旱风险的巨灾保险项

目。该项目始于 1947 年，其经营非常成功。该项目与国际再保险人有一个分层超赔损失再保险协议。2007 年，该项目分三层，为赔付率在 95% ~ 300% 之间的损失提供再保险保障。

在墨西哥，半国营的农业保险再保险公司 Agroasemex 为私营的商业性农业保险人、小农户的相互制农作物和牲畜保险（Fondos 项目）以及州政府的农业气象灾害基金下的一系列干旱指数保险项目提供再保险。

农作物雹灾保险和列明风险保险的再保险接受能力很强，因为这些保险一般不会遭受巨灾风险。在世界银行的调查中，73% 的国家认为提供农作物雹灾保险和列明风险保险没有障碍。几乎一半的国家认为 MPCI 产品的再保险存在中等至严重的障碍。这个发现并不令人惊讶，因为许多国际再保险人并不喜欢承保农作物的 MPCI 保险，因为这种产品有很大的系统性风险，因而可能造成巨灾损失。39% 的国家将再保险能力不足视为牲畜传染病保险发展的主要障碍。将其视为主要障碍的中低收入国家包括中国、哥伦比亚、蒙古和乌克兰。

将近一半的被调查国家认为农作物天气指数保险再保险分保能力不足是中等的或严重的障碍。这一平均性的数字隐藏了一个很大的差异性。比如印度，2008 年该险种保费总额共达到 4120 万美元，在再保险市场上没有受到任何的限制（因为该产品的设计和费率十分合理）。小规模试点的国家可能无法吸引再保险人，因为业务规模太小，尽管再保险人已经对包括试点项目在内的新的商机显示了浓厚兴趣。

## 八、新兴市场农业保险发展态势、挑战与前景

新兴市场是全球农业保险增长的引擎。众所周知，农业保险是最复杂、最具挑战性的保险险种之一。在美国、加拿大、澳大利亚

和欧洲等发达市场，农业保险具有悠久历史，发展态势相对良好。这些成熟市场的特点是：拥有大规模农场化生产、最新农业生产技术、农产品供应链系统完善、农业生产融资相对容易，以及政府通过补贴和各种返税政策支持农业部门。一般而言，损失补偿型农业保险产品（Indemnity – based）在这些市场非常普遍。该类型的农业保险产品为农户提供广泛保障，可以同时防范指定灾害、多种灾害、定价风险以及经营风险。发达市场通常可以提供历史较长的农业保险数据，这对于确定过去事件的模拟指标、两次灾害发生的间隔期（Return Periods）以及厘定保险产品费率都十分重要。同时，发达市场的农业保险体系也非常完善，包括提供风险保障的专业保险公司和再保险公司、负责分销的代理和中介机构，以及提供核损和结算服务的专业理赔机构。

　　而对于新兴市场来说，虽然其共同特点是农业仍然是重要的经济部门，大多数人口的生计依然依赖于农业生产（例如，在印度、泰国和越南，约60%人口靠农业生存）。然而，这些市场之间的农业生产方式各不相同，大部分新兴市场或地区属于小农经济，土地规模小、农作方式传统，例如，在印度、中国、东南亚和非洲地区，农业部门发展落后，食物供应链体系和金融市场都处于初步发展阶段。而且小农普遍缺乏保险意识。受制于分销渠道较少、农业和天气数据缺乏以及个人损失评估成本较高等因素，传统损失补偿型农业保险产品很难得到进一步推广和发展。但也有例外，比如巴西和俄罗斯，其农业模式更接近发达国家，大规模的农场作业，通常采用现代农业技术等。因此，损失补偿型农业保险产品在这两个国家并不鲜见。因此，对新兴市场而言，并不存在单一的农业保险解决方案。农业保险项目通常因国家而异，主要受到当地社会经济发展、农作方式、基础设施和政府政策的影响。因此，农业保险项目结构由多个元素决定，包括可保风险、保障类型（强制性或是自愿性）、参与各方（政府、商业部门，或两者兼具）、政府支持（事后或事前）以及产品种类（传统型抑或指数产品）。

近年来，新兴市场农业保费增长迅速，主要推动因素包括如下几个方面：

一是很多新兴市场将农业定位为优先发展部门。这有利于推出促进农业发展的政策。政府也正逐渐从事后赈灾向事前融资的方案转移，以便更好地管理农业部门的相关风险。因此，对风险保障和保险解决方案的需求也日益增加，这进一步促进了农业保险的发展。

二是新兴市场政府推出了大规模保险项目和/或以保费补贴的形式支持农业保险的发展。这些措施提高了小农保险意识和参保意愿。政府补贴有助于向农民提供很多纯商业上不可行的保险项目。

三是新兴市场逐渐向全球和商业保险公司放开本地农业保险市场，促使更多创新性产品的发展，以及全球相关专业知识和实践从发达市场向新兴市场转移。

四是农业保险创新产品不断涌现，包括指数产品、遥感分析以及遥感定损等产品。这些产品有助于增加新兴市场农业风险的可保性。与此同时，为有助于偏远地区对于保险产品的可获得性，营销渠道方面也出现了进一步的创新，例如，将小额信贷和小额保险相结合的小额信贷保险产品等。

五是全球再保险公司和跨国组织日益重视农业保险发展。再保险公司致力于分享全球专业知识、承保能力和创新性（再）保险和资本管理解决方案。一些跨国组织在动员区域政府和提供金融和技术支持方面发挥了相当重要的作用。

六是公共部门和私人部门合作（PPP）。近年来政府部门和私营（再）保险公司之间的合作越来越多，这有助于实施推广多项农业保险项目。

虽然全球农业保险增长强劲，但是依然存在很大的发展空间，特别是在新兴市场。2011 年，美国农业保险深度（农业保费占农业增加值的百分比）为 7.15%，全球平均农险深度为 0.83%，而新兴市场总体农险深度仅为 0.23%（见表 13）。

表 13　　　　　　　全球农业保险深度和主要农业统计数据

单位：%、百万美元

| | 农业用地（占土地面积）① | 农业就业比例（占总就业人口）② | 农业增加值（占 GDP）③ | 农业部门保险保费，2011 年估计值 | 农业保险深度，2011 年估计数据④ |
|---|---|---|---|---|---|
| 金砖五国（合计） | | | | | |
| 巴西 | 31.3 | 17.0 | 5.8 | 430 | 0.35 |
| 俄罗斯⑤ | 31.2 | 9.7 | 4.0 | 552 | 0.98 |
| 印度 | 60.5 | 51.1 | 19.0 | 673 | 0.19 |
| 中国 | 56.2 | 39.6 | 10.1 | 2543 | 0.36 |
| 南非 | 81.7 | 5.1 | 2.5 | 153 | 1.77 |
| 新兴市场（合计） | | | | 5176 | 0.23 |
| 美国 | | | | 11400 | 7.15 |
| 全球 | | | | 23511 | 0.83 |

注：①2009 年数据。

②③2007—2010 年期间可获得的最近年度数据。

④农业保费占农业增加值比例。

⑤对于俄罗斯，涉及风险转移的农业保费可能要低很多，2011 年估计值约为 1 亿美元。

资料来源：世界银行、瑞士再保险经济研究及咨询部。

　　保险深度低表明新兴市场的农业保险发展仍然潜力巨大，然而新兴市场农业保险要实现强劲的增长潜力，还需要面临很多挑战，包括：缺乏持续的支持性政策和监管框架；缺乏准确定价所必需的高质量数据；农民缺乏对保险产品的意识；偏远农村地区缺乏分销渠道；农民缺乏负担能力，这要求保险公司寻找更具成本效益的业务模式。

　　综上所述，保险公司和政府面临的主要任务是从供需两方面着手，一方面要改善需求因素（例如，通过宣传提高农户风险保险意识等），另一方面也要克服供应"瓶颈"（例如，研发适合当地市场的农业保险产品等），通过完善公共政策和法规，建立起能够支持农业保险可持续发展的基础性设施和服务。鉴于现代农业保险的复杂性，每个具体市场采用的方法都需要考虑到市场的独特性。根据本地农民的需求进行研制。例如，应该保障哪些类型的灾害，保障是以区域还是个人产量为基础？应该推行纯商业农业保险，还是在政府支持下强制推行？另外，对于防范道德风险、欺诈性索赔和逆向选择等推高成本的因素，需要利用包括卫星监控或气象站观测等创新措施进行有效管理。这些都需要新兴市场在制定农业保险发展策略时予以重点考虑，具体而言，包括如下几个方面：

（1）农业保险产品的可获性：成功的保险项目应该尽可能接近潜在的保单持有人。能否触及到偏远地区，对于农业保险的发展十分关键，尤其是在非洲和亚洲，很多农户生产和生活在地理位置较为偏远的农村地区。到目前为止，小额保险是当地社区和非政府组织携手合作，用以补充传统保险的成功方式。还有一些利用移动和互联网技术的成功案例证明，使用科技接近偏远地区也日益可行和重要。

（2）农业经营主体的参与性：农业保险产品定价应该在可承受范围内，而且与农民切身利益相关，这样他们才会有强大动力参保。农民应该愿意支付保费并长期参与项目，而非仅仅一两年。为确保参保率较高，有必要提高农户对保险收益的认识。从保险公司角度来说，目标应该是开发对于更广大人群具有吸引力的保险产品，同时可成功应对逆向选择等保险挑战。

（3）农业保险经营主体的成本效益性：农业保险公司应该力争建立高效的分销网络，并增强技术的应用效率，尽量降低管理和理赔成本。最近在一些新兴市场成功推行的保险项目广泛采用了移动和自动气象站技术等。另外，还有一些新兴市场正在测试指数保险产品的遥感技术。例如，安联再保险（Allianz Re）开发了雷达遥感技术，这种技术不仅可以测量生物成长情况，而且可以衡量地区的农业潜在收成。该技术预计将会简化保险公司的风险评估程序并扩大可保障区域，从而降低营运成本。

（4）农业保险产品的定价公正性：为确保保险项目可持续，保险产品定价必须以公正原则为基础，而非投机性定价以谋求市场份额。保险公司应恪守社会效益和商业利益并重的双重目标。

（5）农业保险相关统计数据的可获性：农业保险产品的公正定价和公允损失评估往往取决于天气和农产品产量等数据的可获性，包括其客观性、准确性和及时性。

（6）农业保险基础设施的完善性：缺乏基础设施对于推动农业保险发展是一个重要挑战，尤其是在新兴市场。配套金融服务，例如，信贷和银行、物流、运输、仓储、道路网络等对于有效的风险管理及农业保险的运作都是至关重要的。

（7）政府对于农业保险发展的支持性：如果没有政府支持，新兴市场的农业保险部门将难以发展，政府和政策制定者在促进商业部门更大程度参与农业保险方面起到了积极作用。通过保费补贴，可以扩大低收入农民参与农业保险项目的比例。对于商业保险机构创新性农险产品的扶持性政策也很重要。例如，在某些新兴市场存在政府不支持指数型农业保险产品，从而限制了农业保险进一步发展的案例。此外，监管和法律框架规定了保险公司、代理机构、理赔机构等的经营许可条件，考虑到农业保险的特殊性，这些法规条款也需要与农业保险的发展协调一致。政府还可提供对农业生产和农业保险发展十分重要的基础设施建设和相关服务，如修路或收集天气和农产品数据。当然，最重要的是，政府应该充分发挥商业部门在农业保险发展中的重要性。

展望未来，新兴市场农业保险的发展取决于各相关方的合作，也许这些相关方并没有直接参与农业生产。但各方共同携手，不仅可为农民和生产者提供风险保障，提高其经济利益，而且可以帮助政府、社区、公共机构、合作社和商业部门制定农业风险管理解决方案，最终为全社会粮食安全作出贡献。以下为一些相关建议：

第一，政府市场合作（也译作"公私合作"，PPP）。最新发展经验证明，政府市场合作可提高风险意识并加强政府支农惠农举措。政府市场合作系指政府、农民和（再）保险业在农业风险管理方面进行合作。政府提供必要的法律框架和补贴，农民通过缴纳保费为其部分风险进行融资，而（再）保险公司承担农业生产风险并从事相关产品开发。同时，政府也应该致力于改善农村地区金融基础设施和天气、农业数据的收集工作。

亚洲各国政府正通过创新性的政府市场合作保险项目来不断加大对农业部门的支持力度，例如，在泰国和越南开展的大规模水稻保险政府市场合作项目。泰国是世界上最大的稻米出口国，但农业生产面临严重的洪水和干旱风险（约有75%的可耕种土地属于雨养农业）。2011年，泰国政府委托泰国非寿险公司协会（GIA）与全球主要再保险公司开展合作，共同开发和实施水稻保险项目，以帮助管理天气风险。泰国政府提供保费补贴并核查公布受灾地区的全部损失情况，而农业保险公司和农业合作银行（BAAC）则负责向50000名左右的农民销售农业保险产品。该项目是一项公私合作典范，农业生产从（再）保险、降低分销成本（通过BAAC银行营销）以及获得政府支持及补助中受益，同时也为农户提供了防范重大天气事件的风险保障。

第二，通过再保险为政府提供灾后融资方案。农业保险解决方案可帮助政府分担自然巨灾所带来的巨额损失，为政府提供灾后融资新方案。例如，北京市政府与全球性再保险公司合作，将巨灾保障项目作为政府资助农业保险项目的重要部分。保险公司负责年保费160%以下的损失，再保险公司提供160%～300%之间的损失保障，政府则通过农业巨灾风险储备金为300%以上损失提供保障。通过向再保险公司转移风险，有助于分摊保险公司的巨灾损失，同时通过政府支持开展农业保险，可鼓励保险公司提供让农民更能够承担、更容易获得的农业保险产品。

第三，团体农业保险项目。通过为综合性机构提供保险组合或团体保障（通常为指数型产品），可以使农业保险项目更有效率，更具成本效益优势。综合性机构包括金融机构（如银行、小额金融信贷机构）、农民协会、农业投入品供应商、非政府组织等。团体农业保险项目的主要优势是管理费用较低。相对于基于个人的农业保险产品来说，团体农险项目的优点还包括基准风险较低（例如，天气指数保险产品）、逆向选择风险较低，以及条款更为简单、易于向农民解释等。到目前为止，已有多个新兴市场推出了多个团体农业保险项目，例如，印度DHAN基金会、Pioneer Seeds、加纳GIZ和加纳保险公司协会、菲律宾社会保障小额保险创新项目以及海地小额保险巨灾风险组织等。

第四，针对低收入农民设计的小额农业保险。小额农业保险也是农业保险项目的一种类型，可被视为新兴市场中针对低收入农民而研发的一种农险产品。在以小农经济为主的市场，常规农业保险产品和小额农业保险产品之间几乎没有任何差异。然而，在资本密集型产业和小规模农业并存的经济体中，除了常规农业保险产品之外也存在小额农业保险市场。天气指数保险也通过小额保险形式提供给了低收入农民。

小额农业保险产品与常规农业保险产品之间在目标人群、保费金额、风险保障和分销方面存在差异。很多新兴市场正在开发多种创新性的小额农业保险项目。例如，肯尼亚的KilimoSalama，这种天气指数型小额保险项目为小农户提供防范干旱或雨水过多造成经济损失的风险。这个项目利用自动化太阳能气象站和低成本移动电话"种植时支付"（Pay as You Plant）方式，允许农民试用保险，并随着他们增加对保险利益的了解而扩大保险范围。通过当地的农产品经销网络，农民可用手机进行电子保险注册登记、支付保费和获得给付金。这种技术很方便用户使用，从而减少了交易成本，并使得实时保单和付款管理成为可能。

第五，强制性农业保险项目与打包型农业保险产品。在印度和菲律宾等市场，如果农民从银行或金融机构贷款，需要强制性投保种植业保险。在巴西，如果希望从国有银行得到贷款，也同样需要强制性购买农业保险。强制性农业保险项目（例如，贷款连结型农业保险）具有多种好处：首先，强制性保险产品可用作农民贷款的抵押物，更有利于农民贷款；其次，强制性农业保险产品有助于提高农户农业保险意识，增加保险深度，并通过农户广泛参保而降低逆向选择风险；最后，强制性农业保险项目还可降低分销和交易成本。

打包型农业保险产品是新兴市场可以探索的另一种方法，通过与现有产品或服务相结合或与现有分销网络相连接，以便接近农村或偏远地区的农民。例如，农业保险与信贷产品结合在一起（通过银行或小额金融机构）或通过农业投入品供应商销售（通过化肥或种子经销商），可以扩大农业保险覆盖面。而降低交易和营销费用则是打包型农业保险产品的最大优势，因为它可以利用其他产品或服务的现有分销渠道。

从以上分析可以看出，虽然近年来各个新兴市场农业保费收入取得增长，并陆续推出了很多创新型保险产品，但农业保险深度依然较低。这意味着还有巨大的保障潜力尚未开发。如果政府的支持性政策可以持续，并且可以针对不同市场开发出因地制宜的农业保险产品，预计新兴市场的农业保费将会从 2011 年的 52 亿美元增长至 2025 年的 140 亿～190 亿美元之间。这相当于 2011—2025 年间，农业保险保费年均名义增长率在 7%～10%之间。这一估算主要根据新兴市场农业保险深度较低所带来的发展潜力，以及农产品价格上涨和农业生产力提高所带来的更多保险风险敞口。

中国金融四十人论坛
CHINA FINANCE 40 FORUM

第四章

典型国家农业保险制度
及特点（一）——美国

在接下来的第四章至第七章，将重点考察典型国家的农业保险制度及其特点。对典型国家的选择依据主要有三个方面：一是在世界农业保险市场占据显著地位，发展相对较为成熟，具有较多的可借鉴经验；二是主要选择发达国家，适当兼顾发展中国家；三是选取与中国国情有一定相似性的国家。基于此，本书重点研究美国、日本和印度的农业保险制度。

对于每个国家，农业保险制度研究以大致类似的框架展开：

（1）农村、农业和农民的基本情况。揭示其农业保险发展的环境，特别是农业产业经营的特征及其与农业保险的关联、农业保险在该国支持农业政策体系中的地位与作用。

（2）农业保险发展的历程。揭示其农业保险发展的社会经济背景、驱动力、影响因素、立法情况变化及农业保险经营模式的发展、转换与完善。

（3）目前农业保险的制度框架体系。包括农业保险法律制度特点、政府作用发挥与支持政策、经营主体形式、农业保险产品形态、费率厘定与风险区划、巨灾风险管理体系等。

（4）农业保险的监管制度。包括监管体系和特点、主要监管规则以及监管制度的变化和存在的问题等。

（5）对该国目前农业保险运营情况的评估。包括经营绩效、发挥的作用、存在的问题及成因、正在探索的解决办法等。

美国是现代农业保险制度或者政策性农业保险的创始者，美国在农村商业保险的试验屡遭失败并彻底退出了农业保险市场之后，于1938年通过立法由政府挑起了作为重要农业支持保护政策的农业保险的发展重担。成立了政府出资设立的联邦农作物保险公司（FCIC），负责经营和管理农业保险直接业务和再保险业务，在不断发展和改革中已经走过近百年的历史，积累了大量的成功经验。美国农业保险经验受到联合国和世界银行的重视和推广，不少发达国家和发展中国家，例如，加拿大和欧盟国家，在学习和借鉴美国的农业保险制度模式的基础上，又结合本国实际进行了多种形式的创新。

## 一、美国农业、农村和农民情况

美国的农业部门包括众多组成部分，如小型家庭农场、大型商业机构、销售加工企业、运输网络、批发机构、饭店和食品与纤维零售商店等。目前美国的农业产值大约只占国内生产总值的2%，并雇用劳动力的3%。看起来这是一个十分不引人注目的数据，然而，农业间接使其他行业或部门的就业人口得以增加，如制造业、加工工业、批发销售业和零售贸易等。总的来看，美国的农业生产雇用了约320万人，农产品销售人员约1630万人，另有200万人从事农业机械和设备的生产，共解决了美国约21%的人口就业，同时，为整个GNP的增长提供了18%的份额。农业在美国经济中的重要性可见一斑。

按照农业统计，美国本土划分为西部、中北部、南部和东北部四个区域。西部土地辽阔，农场面积（含牧草和作物）占美国的31%，农场数量占美国的13%。位于该区的加利福尼亚州农业产值为美国第一。中北部农场面积占美国的37%，农场数量占40%。南部农场面积占全美国的30%，农场数量占41%。南部各州农业产值居美国第二。东北部农场面积只占美国的2%，农场数量占6%。西部、中北部和南部是美国重要的农业区。

按照土壤类型、地势、气候类型、离市场远近等因素，美国又划分为10个农业产区：东北区、大湖区、阿巴拉契亚山区、东南区、三角洲区、玉米带、北部平原、南部平原、西部山区、太平洋区，其中玉米带指位于中北部的艾奥瓦州、密苏里州、伊利诺伊州、印第安纳州、俄亥俄州等，该区域土壤肥沃，气候非常适于玉米的生长。玉米为该区的主要作物，小麦、大豆和其他饲料作物种植面积也较大，养肉牛、奶牛和养猪业也很发达。

从 1922 年起，美国联邦政府就开始探索建立适合国情、行之有效的农业保险模式。美国农业保险诞生至今，经历了"私营单轨式"（私营保险公司单独经营）、"国营单轨式"（政府单独经营）、"公私合营双轨式"（政府与私营保险公司共同经营）、"私营＋政府扶持式"（政府监管下私营保险公司经营）四个阶段的政策变迁。

## 二、美国农业保险发展历程

（一）私营保险公司经营农业保险阶段（19 世纪末至 20 世纪初）

美国在 19 世纪末和 20 世纪初，就有商业性保险公司尝试经营农业保险业务。这一阶段的农业保险完全由私营公司自主经营，没有政府的介入，是美国农业保险政策的"私营单轨式"阶段。没有政府扶持，商业性公司势单力薄，要么因农作物价格下跌，要么因无法分散风险等原因，单独经营农业保险的尝试终以失败告终。1899 年，美国明尼阿波利斯市的一家不动产收入保障公司根据当地农民的要求，开办了多重风险种植业保险。一年之后，该公司停办了这项业务。1917 年，北达科他州、南达科他州和蒙大拿州的三家私营保险公司承保农业保险。在 20 世纪 20 年代，还有几家私营保险公司也曾经尝试开办农业保险，但无一例外都失败了。此后基本上再没有商业性保险公司涉足农业保险。

1936 年罗斯福政府再次提出举办农业保险，决定由政府经营农业保险。1937 年罗斯福政府研究农业保险立法的委员会在其报告中指出，早期商业性农业保险之所以失败，主要原因是：保险实施范围有限，一旦受灾面积广泛，风险无法分散；不适当地承保了价格下降风险；农业保险依据的资料不够充分，无法正确评估风险和厘定准确的保险费率。

（二）政府单独经营农业保险阶段（1938 年至 1980 年）

1938—1980 年是 FCIC 代表美国政府直接经营农业保险的"国营单轨式"阶段。在"国营单轨式"政策下，承保农作物很少（最初只有小麦，后来增加了棉花和烟草），保险责任为多种风险，农业保险的承保面也有限，农民的参与率很低。农业保险的试验虽有一定的成效，但是影响不大，政府经营农业保险的代价较高。

1938 年美国政府颁布了《联邦农作物保险法》，并据此成立了 FCIC，归农业部领导，各州的有关具体工作由农业部下属机构管理。1939 年该公司代表政府开办农业保险，以保护农户的农业投资，为农业信贷机构提供保险保障，从而揭开了联邦政府经营农业保险的历史。

最开始，被保险农作物只有小麦一种，保费和损失赔偿以小麦或等值的现金支付，保险责任范围是干旱、洪水等不可避免的自然灾害所造成的损失。第一年保险人赔付率高达 152%，美国 31 个州的 165775 个农场共投保 283 万公顷，结果三分之一的投保农户获赔。经过总结，他们发现精算师在确定保险费率方面存在较大失误。而且，农民的逆向选择也是其中一个重要的原因。所以，他们改变了保费计量方法，具体做法是建立"重点农场系统"（Key Farm System），在每个县选择 50～100 个产量数据比较完整的农场作为代表样本，用"重点农场"的数据对投保农户的数据进行衡量调整，使得评估产量更接近于真实值。

到 1940 年，投保农户在稳步增长，但经营业绩较差，政府共支付超过保费收入的赔款达 1200 多万美元。FCIC 仍继续亏损运营。1942 年增加了棉花保险，其赔款亦远远超过保费收入，终于导致 1943 年国会决定取消农业保险。但时隔一年，《农业调整法》获国会通过，农业保险项目恢复，并将保险标的物扩大到亚麻。1945 年又在 15 个县试办玉米保险，在 12 个县开办用烟叶保险，包括玉米产量保险和成本保险、烟叶生产成本保险和烟叶质量保险。

1945 年政府对农作物项目条款进行了修改。修改后，1946 年的农业保险试办三年期的小麦保险和棉花保险，以便减少逆选择和减少销售保单的费用。因为一些农民是依据播种时的天气条件决定是否投保，而开办三年期的保险，至少消除了第二年期和第三年期的一些逆选择。在技术上把以前按各个投保农场所记录的历史产量或评估产量来确定其产量水平改为按县平均产量确定一个县统一的费率，并按其费率承保所有农场的农作物。同时在这一年内首次允许农民在最高保障水平限制内，自主选择保险金额，农民可以以较低保费购买较低保障。在 1947 年，将试验的县由 2500 个减少到 375 个，FCIC 综合保费收入第一次超过了赔款。在此基础上，1948 年 FCIC 开始试办食用干豆保险及综合农业保险。

20 世纪 50 年代初的美国遭受了大面积的干旱灾害，使得购买农业保险的理念深入农户之中，灾害使得农业保险得以迅速推广，保费收入增加显著。1948—1952 年的平均赔付率为 97%。在这种稳健经营方式下，FCIC 的管理方法得以不断改进。鉴于某些州连年持续亏损的状况，1956 年，美国开始试办"农作物混合险"（一般是在第一种风险的基础上，再增加第二种、第三种风险），FCIC 决定不再在科罗拉多州、新墨西哥州和得克萨斯州的 14 个灾害频繁、风险较大的县推行农业保险，公司财务状况明显好转。因此，到了 20 世纪 60 年代，他们降低了保险费率，调高了保额，扩大了保险业务，农民的参与率显著增加，但相应其财务状况有所恶化，赔付率提高。为此，1970 年 FCIC 对棉花的保险提高了保费，降低了保额，计算被保险棉花损失的价格也调低了，同时还停办了一些赔付率高、参加者少的农业保险，改变了过去依据以县为基础厘定费率，为依据各个农场不同情况提供不同保障。经过 40 年的试验，到 1980 年，美国为全美半数地区种农作物的农场提供了农业保险。但从总体上来看，开办的农业保险范围仅限于不需要政府补贴的农作物和地区上，无论投保农作物面积，还是农户的参保率，都处于初级阶段。

（三）政府与私营保险公司共同经营农险阶段（1980年至1996年）

1980年美国政府对1938年颁布的《联邦农作物保险法》做了重大修改，将农业保险列为社会保障的重要形式，并开始全面推广农业保险，扩大农作物的承保范围，对农业保险试行补贴。为了鼓励农民参加农业保险，该法规定，以农作物平均产量的50%和65%为其保障水平的投保农民，政府补贴保费的35%。保障水平为75%的农民，政府的补贴要少一些。同时，还规定凡投保一切险，可另外购买火灾和雹灾保险，但农业保险的保额和保费要相应减少。该法批准举办一些特殊风险的保障项目，例如妨碍种植、野兽损毁、树木毁坏和病害、虫害保险项目。该法还决定依法研究试验一些新的险种，如放牧区农畜中毒和疾病保险，由于大量而广泛使用农药而对蜂农等的损害保险，以及其他有关水果、坚果、蔬菜、水产养殖、林业（包括观赏林木）生产中特殊风险保险。该法还要求1981—1985年试验以个别农场产量为基础的农作物险种至少应有25个县，后来公司又宣布凡是有三年以上产量数据的农民，都可以申请个别产量保险保障，申请保险保障的被保险人的保费和保额将根据个别农场来计算。

在经营体制上，为了提高农业保险的参与率和降低农业保险的监督成本，首次允许私营商业性保险公司和保险代理人参与政府农业保险的经营和销售，拉开了政府与商业性组织携手开展农业保险的序幕。该法的出台使美国农业保险取得了长足的进步，实际上，美国农业保险的成功就是从1980年开始的。在1980年《农业保险法》的支持下，私营保险公司可以申请参与FCIC的农业保险和再保险，他们可以根据其每年经营的业务量获得管理费和保费补贴，但是也要独立承担风险损失责任。同时，私营保险公司也可以只从事代理人，只拿佣金不承担风险责任。有 30 家私营保险公司申请为 1981 年的农作物提供再保险，另外有 6 家私营保险公司与 FCIC 签约，为其做代理服务业务，这是一个重要的转折，从此之后，FCIC 逐渐减少自主直接做业务，使直接保险业务向私营保险公司转移。因此，1980 年以后，美国农业保险有了较大发展，加入的州、县大幅度增加。1980—1990 年间，承保农作物由 30 种增至 50 种，参保州由 39 个增至 50 个，加入的县由 4632 个增加到 21354 个。1988 年政府将购买农业保险作为提供灾害救济款的前提条件，使农户参保率提高到 40%，实际投保面积从 1980 年的 1063 多万公顷，增加到 1990 年的 4087 多万公顷（约占总面积的 40%）。由于私营保险公司的介入，FCIC 省去较多运行步骤，减少自主直接做业务，促使直接保险业务向私营保险公司转移，激活了农业保险市场。

1994 年，为消除农业救济对农业保险的消极影响，更好地发挥农业保险的作用，美国联邦政府又颁布了《农业保险改革法》。经过多次的法律修改和完善，对开展农业保险的目的、性质、开展办法、经办机构等都做了明确规定，为联邦政府农业保险业务的开展提供了法律依据。该法取消了政府救济项目，通过巨灾保险、扩大保障保险、区域产量保险和非保险农作物保障项目将所有农作物生产者都纳入农业保险项目。该法还规定，不参加政府农业保险项目的农民不能得到政府其他项目的福利补贴，实行了事实上的强制参加。如农产品贷款项目、农产品价格补贴和保护项目等；必须购买巨灾保险，然后才能追加购买其他保险，从而造成事实上的强制保险。该法的实施使农业保险的投保率迅速增加。1995 年，农业保险承保面积达到 0.89 亿公顷，占当年可保面积的 82%，是美国农业保险历史上承保面积占可保面积比例最高的一年。

联邦农作物保险项目具体内容如下：

（1）巨灾风险保障制度，简称 CAT。考虑到旱涝等巨大灾害的风险单位大、参与率低，如果覆盖面小就难以分散风险，所以政府将干旱、雨涝、洪水、雪灾、风灾、水灾、病虫害及风险损失的保险与其他一些福利性农业项目（价格支持与生产调节项目、农民家庭紧急贷款项目、互助储备项目等）联系起来进行强制推行，规定只有参加 CAT，才能参加这些福利性项目。CAT 的保障水平比较低，价格也很低，只提供生产者 4 年以上平均产量 50% 的保险保障，发生灾害损失后，其补偿按市场预测价格的 55%～60% 计算赔款。每种农作物在每个县只缴纳 50 美元保费（有的农场会跨县），每户每种农作物所缴纳保费不超过 200 美元，总保费不超过 600 美元。

（2）扩大保障的多风险或一切险保险（Buy - up），这是改造过的农业保险的一切险，包括上面所说的 CAT 可以看作是在巨灾风险保险的基础上提供更高水平的保险保障。保险的产量水平可在前 4 年平均产量的 65%～75% 之间选定，发生灾害损失时的赔偿，按事先选定价格的 100% 计算，保费的高低取决于不同农作物、不同地区及选定的保障水平和所选定的价格。购买这种保险就不必另外购买 CAT。

（3）区域风险保险项目，简称 GRP，这一新项目是为了防止逆选择，它是专门为大麦、玉米、棉花、花生、小麦、饲料等 8 种农作物设立的。该保险项目的保额不按个别农场的产量确定，而是以一个县的预测产量的一定比例来确定。因此，保单持有者的农作物发生了灾害损失时，只有在全县平均产量低于保险产量时，才能得到保险赔款。参加区域风险保险项目的农户也有权获得"价格支持和生产调节项目""农民家庭紧急贷款项目"和"互助储备项目"等福利性项目的好处。

（4）对不保农作物实施非保险农作物（NAP）灾害援助项目。

这是专门为目前 FCIC 不可保农作物（主要是蘑菇、芥菜、胡萝卜、土豆、草莓、哈密瓜、花菜等 23 种）提供的一项援助项目，它的主要目的是体现公平。该项目规定，当某地区不保农作物的平均产量低于正常产量的 65% 时，生产者个人的损失大于平均产量的 50% 时，FCIC 即可按农作物市场价格的 60% 予以补偿。

在这一阶段中，政府利用经营管理费用补贴的方法，吸引私营保险公司经营农业保险业务，FCIC 和私营保险公司共同经营农业保险，并相互竞争，这就是美国农业保险经营的"公私合营双轨式"政策。在这一阶段的"公私合营双轨式"政策下，美国农业保险有了较大的发展。私营保险公司介入农业保险的程度逐渐提高，到 1990 年，FCIC 保单的 89% 都是由私营保险公司签发的。但在这一阶段，FCIC 的经营成本也非常高。1981—1992 年，保费收入是 47 亿美元，赔付农民 88 亿美元，按照纯费率计算的赔付率是 187%。加上 FCIC 的管理费用 8.58 亿美元，私营保险公司的经营管理费用 16 亿美元，私营保险公司的代理佣金 2.51 亿美元，总成本达到 115.09 亿美元。按照这个综合成本计算，这 12 年的累计赔付率为 244.9%。

（四）政府监管下私营保险公司经营农业保险阶段（1996 年至今）

1996 年，根据《联邦农业完善与改革法案》，联邦政府创建了"风险管理局"对农业保险进行监管，规定 FCIC 从农业保险直接业务中撤出。从此 FCIC 开始脱离种植业保险的直接业务经营，再经过 1998 年与 1999 年两年时间的调整，FCIC 彻底地从种植业保险的直接业务中退了出来，FCIC 只负责规则的制定、稽查和监督，并提供再保险。美国的农业保险制度进入政府监管下私营保险公司经营农业保险阶段。

美国联邦农作物保险的运作主要分三个层次，第一层为 FCIC，第二层为有经营农业保险资格的私营保险公司，第三层为保险代理人和农险查勘核损人。在这种"私营 + 政府扶持式"农业保险政策下，农户、私营原保险公司、私营再保险公司和政府之间的关系如图 4 所示。即联邦政府（由美国农业部的风险管理局负责）不再直接从事保险业务，只负责宏观调控、制定法规，并提供财税补贴和再保险支持；私营保险公司负责具体业务经营。目前全国有 17 家经风险管理局批准的私营保险公司承担农业保险业务，共有 1.25 万名保险代理人和约 5000 名理赔人员提供相关服务，保险公司承担了农业保险的销售、理赔全程服务，并负责质量管理、承担风险和向风险管理局提供相关数据和统计资料等。

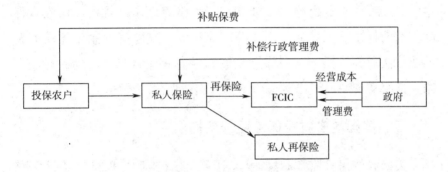

**图 4　美国农业保险运作模式示意图**

1996 年修订的《联邦农业完善与改革法案》要求试办包括产量风险和价格风险的收入保险。2000 年 6 月的《农业风险保障法》进一步提高了农作物保费的补贴。例如，选择 75% 产量保障水平的保单，保费补贴由 23.5% 提高到 55%，选择 85% 产量保障水平的保单，保费补贴由 13% 提高到 38%，该法决定试办牲畜保险，允许购买多年性保单的农民提高其保障产量水平，进一步鼓励参与农业保险的私营公司开发新产品。2000 年，美国可以参加保险的农作物已达 100 余种，承保面积占可保面积的 76%；200 万农户中有 131 万农户投保了农业保险，占总农户数的 65%。1981—2000 年，累计收取纯保费 198.1 亿美元，累计赔款支出 202.4 亿美元。

美国农业保险市场经过近百年的发展，已处于高度稳定成熟的发展阶段，保费规模稳居全球第一。美国农业保险市场以种植业保险为主，2013年种植险保费收入约118亿美元，其中种植业保险又以多重风险种植业保险（Multi-peril Crop Insurance，MPCI）业务为主，占全国种植业保险的90%左右。由于农业保险尚存在较大的发展空间，政府致力于这方面的努力仍在积极推进之中。

综上所述，美国的农业保险管理体制和实施机制经历了多次重大调整后才最终形成了现行架构。目前美国农业保险实行的是"私营+政府扶持式"的政府主导型经营模式。它以国家专门保险机构主导和政策性农业保险为主要特点，由试点向全国推广，由农业保险不断向牲畜、饲养业、渔业等产业扩展。它以官方制定比较完善的法律法规为依托，利用优惠政策诱导商业性组织介入到此行业中来，最终实现政府淡出，由市场主导农业保险的局面。

## 三、美国政府农业保险监管架构

美国农业保险监管制度是随着其农业保险制度的变迁不断调整的。从1939年开始试办政策性农业保险以来，美国由于是由联邦政府组建FCIC经营这种有政府财政支持的农业保险，所以，农业保险监管也一直是由政府主管部门农业部来实施的。而监管商业保险的保险监督官协会并不参与对农业保险的监管。

1996年，根据《联邦农业完善与改革法案》联邦政府创建了"风险管理局"（Risk Management Agency，RMA），RMA的主要职责就是代表联邦政府监督并管理农业保险。同时鉴于农业保险都是在各州，各州都有不同的法律制度，所以州政府也有相应组织机构与联邦政府的"风险管理局"共同监管农业保险。同时因为每年都有10多家私营保险公司经批准经营农业保险直保业务，保险监督官协会也开始与农业部"风险管理局"和各省的监管部门三方共同对农业保险实行监管。

美国农业保险在没有市场参与时完全由联邦政府管理部门来进行监管，有商业保险公司参与之后，不仅保险监督官协会也加入监管行列，而且各州政府也参与共同监管。反映出随着保险业务全面推广，经营中的问题越来越多、越来越复杂。这里有两个具体问题值得关注：第一，美国种植业保险的监管部门可以直接对农业保险经营中的违法违规进行诉讼；第二，监管规则明文禁止保险公司给投保农民"回扣"。这表明保险公司之间也有不正当竞争，而且这种行为不仅影响到保险公司的偿付能力，还损害了政府的利益，当然也损害了公共利益。

（一）风险管理局（RMA）的监管

美国农业部 RMA 和 FCIC 两块牌子、一套人马，目前员工为455人，总部在华盛顿，还有 10 个分支机构分布在全国各地。2009 年 RMA 的管理预算达到 77 亿美元，同年，RMA 管理了近 800 亿美元的风险责任金额的业务。RMA（FCIC）负责制定农业保险政策、提供农业保险再保险、对经营农业保险的私营保险公司进行补偿以及开发新的农业保险品种等。过去 FCIC 曾直接经营农业保险，但目前已经不再承担原保险业务。RMA 正致力于把农业保险转变成生产者的安全网，以便确保美国农业的稳定发展和具有国际竞争力。

RMA 作为美国农业部的一个重要部门，其作用是通过有效的、以市场为基础的风险管理方式帮助生产者管理他们业务的风险。RMA 的任务是提高、支持与规制风险管理的解决方式，以便维护与加强美国农业生产者的经济稳定性。RMA 的战略目标包括：实现广泛的有效的风险管理解决方式，做到及时通知客户和持股人，形成公平和有效的销售系统，达到项目的完整性以及良好的服务。

RMA 的主要职能体现在以下几个方面：第一，管理与监督《联邦农作物保险法》所授予的农业保险项目，例如包括收入保险、风险管理教育等的规划与项目。第二，强调把农业保险项目送到服务水平较低的州、服务水平较低的作物与服务水平较低的生产者。第三，把新农业保险产品的内部研究与开发外包出去。第四，提高风险管理与农业保险教育。第五，提高农业保险项目执行力度，加大技术的应用，例如数据的采集技术。

（二）州政府的监管

当联邦政府规定自己是主要管理者和农业保险的"管理人"时，其中的一些管理职责就委派给了各州政府，州的管理机构和联邦机构之间体现的是相互配合的关系。全美保险监督官协会编写了一个详尽的《农业保险手册》来指导州管理人。此外还有一个"农业保险工作组"负责发布各州和 RMA 之间共同关心的问题。如果州政府和联邦政府有真正的愿望为共同的利益提出问题和解决问题，农业保险工作组是协调州政府和联邦政府相互协作的必要方式。

联邦立法优先于各州的管理规定。然而，联邦农作物保险立法并不是完全地和公然地优先于州的权利，因此重要的职责没有完全委托给 FCIC，并且在某些情况下对于某些事情（诸如公司和代理人的许可、一定意义地反对回扣等）特别地需遵从各州规定。在某些情况下，诸如对于无偿付能力的处理，州要求和联邦要求存在着重要的重合和相互依赖。

州政府的最重要的职责是对农业保险人和理算员进行财务管理。事实上，出售农业保险的农业保险人和代理人主要服从州管理，但是要求州和联邦之间的相互作用和相互协调。进一步地，RMA 依赖州的要求，提供代理人出售的保险。除了对代理人与代理人的市场行为进行最初的和不断的教育以外，损失理算员和保险公司也是再保险协议的一部分。

各州政府对农业保险人的财务进行监督，但是 RMA 也要求农业保险人服从某些财务标准。因此，实行州与联邦的双重财务监督。

全美保险监督官协会、各州政府和 RMA 已经采取措施改善和财务监督相关的信息共享的问题。它们之间已经达成了相互理解的备忘录，即批准了州保险部门和 RMA 之间的非公共的财务信息的共享和分析。这种信息共享通过两种方式实现，即州管理人承诺分享信息，发布和关注他们可能和 RMA 之间发生的问题，反过来 RMA 承诺分享信息，发布和关注他们可能和州管理人之间发生的问题。大多数的州但并不是所有的州已经签订了相互理解备忘录。

州政府和 RMA 都负责代理人和理算员的许可问题。实际上，农业保险代理人和理算员要获取两重批准，即州的许可以及 RMA 出售农业保险或调整农业保险赔偿的批准。然而，RMA 愿意各州提高它们的要求达到 RMA 设立的最低的水平（如知识、专业和持续的教育等）和在批准的过程中依靠代理人和理算员满足这些要求。一些州一直愿意提高它们的要求，但是也有许多州认为不值得努力而不提高要求。对于没有达到 RMA 的最低标准的各州（如教育等），RMA 通过自己的努力来保证授权的代理人在这些州出售农业保险并达到 RMA 的最低的标准（如标准再保险协议 SRA 所要求的）。

各州有反回扣法，它禁止代理人给被保险人一部分回扣。《联邦农作物保险法》允许保险人给那些通过合作和贸易协会购买农业保险的被保险人回扣。尽管回扣来自保险人而不是代理人，这种回扣仍然是违反某些州的法律的。RMA 已经要求各州对这种回扣项目是否违反州的法律提供咨询，但是各州在交易前不愿提供咨询。各州喜欢在交易后作出评价，然后决定其是否违反了法律。当然，在某种程度上，联邦法律优先于州的规定。

目前州政府和 RMA 正在发挥着相互协调与相互合作的作用，虽然在这方面需继续作出努力。

### 四、美国农业保险制度发展的主要措施及经验

21 世纪以来，美国农业保险制度的发展，一方面延续了如农业

保险立法、再保险支持、保费补贴、税收优惠、费用支持、紧急贷款等主要措施，另一方面也采取了新的措施与改革。

（一）立法保障

美国农业保险制度的发展始终离不开立法的支持。除在农业法案中对农业保险政策予以明确和规定外，美国政府还颁布了专门的《联邦农作物保险法》作为农业法案的组成部分，以规范和指导农业保险的发展。美国现行的农业保险制度是在《联邦农作物保险法》中确立的，该法规定了农作物保险的目的、性质、经办机构和开展办法等内容，并根据时势变迁对该法进行了多次修订与完善，为联邦政府全面实施农作物保险业务提供了法律依据和保障。《联邦农作物保险法》在其80多年的历史中，已经过15次修订。1938年，美国政府颁布《联邦农作物保险法》，采用政府补贴的形式，鼓励农业保险发展，并据此成立了FCIC。1980年，美国政府对《联邦农作物保险法》做了重大调整，将农作物保险列为社会保障的重要形式，开始全面推广农业保险，同时首次允许私营商业性保险公司和保险代理人参与农业保险的经营和销售。1996年《联邦农业完善与改革法案》要求试办包括产量风险和价格风险在内的收入保险。2000年《农业风险保障法》进一步提高了农作物保费的补贴比例。2008年《食物、资源保护及能源法案》提出将农业灾害救助作为农业保险的补充，只有投保了农业保险的农民才能获得被救助资格。2014年2月7日，美国总统奥巴马签署通过了《2014年食物、农场及就业法案》（*Food, Farm and Job Act of 2014*）。该法案总财政支出预算接近1万亿美元，将对今后10年美国农业发展产生深远影响。美国2014年新农业法案取消了实施近18年、每年耗资近50亿美元的农业直接补贴，同时将在10年内新增70亿美元左右的农业保险预算来扩大农业保险的覆盖范围和补贴额度，以突出保险在防范农业生产风险中的作用。

（二）保费补贴

自 1980 年《联邦农作物保险法》颁布以后，联邦政府就开始对由生产者支付的保费进行补贴，其补贴的额度主要取决于承保的水平。保费补贴是联邦作物保险项目最为突出的特点，保费补贴额度随着保障的扩大而增加。1994 年《农作物保险改革法》极大地提高了补贴的数量。近年来政府对农业保险的平均补贴水平也呈上升趋势，2008 年补贴率为 58%，2009 年为 61%，2010 年为 62%。国家通过保费补贴来调动农民的参加积极性，但并不是完全包办代替，农场依旧是农业保险最为核心的投入主体。农场需要的风险保障程度越高，自行承担的保费比例就越高。比如，购买保障水平为 80% 产量和 100% 价格水平的保险，政府的保费补贴比例为 48%；购买保障水平为 85% 产量和 100% 价格水平的保险，政府的保费补贴比重就下降到了 38%；即便是完全由政府提供保费补贴的巨灾保险，农场也需要缴纳 300 美元的管理费。

表 14　　　　　　　美国种植业保险的保费补贴率　　　　单位：%

| 产量保障水平（预期产量的百分数/预期价格的百分数） | 1980 年《联邦农作物保险法》确定的补贴率 | 1994 年《农作物保险改革法》确定的补贴率 | 2000 年《农业风险保障法》确定的补贴率 |
|---|---|---|---|
| 55/100 | 30.0 | 46.1 | 64.0 |
| 65/100 | 30.0 | 41.7 | 59.0 |
| 75/100 | 16.9 | 23.5 | 55.0 |
| 85/100 | — | 13.0 | 38.0 |

（三）税收优惠

农业保险业务所具有的成本高、风险高的特点，使得农业保险的经营机构能够获取较好的收益是很难的，因此农业保险相对做得好的许多国家的政府都会就农业保险的经营机构所需要负担的税负实施优惠，以便吸引各方渠道的资本参加到农业保险的经营业务当中，使得保险费率降低，并可减轻农业生产者缴纳保费的负担。美国联邦政府大力发展农业保险制度的举措之一就是给予农业保险业务力度最大的税收优惠。《联邦农作物保险法》明确规定，FCIC 的所有财产，包括资本、分支机构、准备金、收入、结余、财产权以及免赔款，对于所有的现在与将来可能征收的税收，含国家所征的税种以及各级地方政府的征收税种，都给予免征的优惠；同时免征私营农业保险公司的保险合同的税收，以及免征提供农业保险再保险的保险公司的一切税收。美国从联邦到地方的各级政府对农业保险的经营都给予大力度的税收优惠，因而，农业保险的经营机构经营农业保险业务除了 1% ~4% 的营业税之外免征其他税收。

（四）再保险支持

再保险又被称作分保，是就保险人所承担的风险进行的保险，也就是保险的保险。依据再保险合同的规定，分保接受人对于保险人在其原保单的保险赔付进行补偿，这是保险公司实施风险管理的十分重要的一种手段。所谓的"农业保险再保险"就是针对农业保险人所承担风险的一种保险。农业保险再保险制度的实施可以使农业保险的风险得到有效的分散，从而提高私营保险公司经营农业保险的积极性，提高一国农业保险的业绩，农业保险再保险制度的实施是一国农业保险制度发展与完善的重要标志。

随着美国农业保险的发展，美国的农业保险再保险也在逐步地发展并得以实施。1947 年 FCIC 提出并颁布了《标准再保险协议》，但是直至 1980 年以后美国的农业保险制度中才真正地开始实施再保险。

美国的《标准再保险协议》（*Standard Reinsurance Agreement*，SRA）的主要内容包括：第一，FCIC 既可以对私营保险公司已经经过批准了的保单进行再保险，也可以采取书面通知的方式拒绝分出公司的保单要求。第二，FCIC 可以要求私营农业保险公司依照相关的规定程序对联邦农业保险产品进行销售及服务。而私营农业保险公司必须向 FCIC 提交它们的项目，陈述其即将开展农业保险业务的州与县的范围。那么如果 FCIC 批准了它们的经营业务项目，它们则必须在批准的地区出售农业保险产品。第三，FCIC 一定使用联邦农作物保险公司的核赔程序以及应用表格。第四，再保险的保单出售必须由 FCIC 允许的代理人以及中介机构完成。第五，关于再保险的有关政策还有较为具体的规定，例如涉及的再保险的形式、再保险账户的清算、经营管理费用的补贴、承保的损益、损失评定的费用以及保费补贴等方面的内容。

美国的《标准再保险协议》从 1980 年开始实施，并在实施中不断完善，主要表现在如下几个方面：

第一，形成了比较完备的美国的农业保险再保险制度。经过多年的实践、发展和改革，美国的农业保险再保险的业务范围正在扩大，保险公司的参与率以及能够提供的保障水平正在提高，已经实现了相对完备与稳定的机制。首先，从《标准再保险协议》的规定来看，协议内容详尽，如比例再保险和非比例的再保险、再保险账户的清算、承保的损益、保费的补贴、损失评定的费用以及经营管理的费用补贴等具体的规定。其次，相关的再保险业的经营体制的发展也在日趋完善。经营体制采取的是政府建立的机构直接经营农作物的再保险业务，同时与商业再保险公司经营结合起来。在实际的经营中，若商业再保险公司遇到困难，政府仍会提供保险费补贴以及经营管理费补贴等方面的支持。政府负责制定规则、履行稽核以及监督等职能，同时提供再保险。最后，政府的管理不仅受到《标准再保险协议》和有关制度的约束，而且也受到再保险公司的约束。

第二，政府对农业保险再保险的大力支持。美国政府负责给出政策，采用由私人商业性保险公司经营或者代理的办法对农业保险再保险进行支持。FCIC 以及 1996 年成立的 RMA 专门负责制定农业保险再保险政策以及进行组织和协调，同时兼具最后进行再保险的职能。通过了审核并和 FCIC 签订了协议的商业再保险公司具体对农业保险业务进行经营。

第三，具有较高素质的农业保险再保险人才。经过多年的发展，美国已经培养了很多素质较高的农业保险再保险领域的人才。美国农业部经济研究局就有上百名优秀农业专家与经济学家，他们对于农业保险以及再保险方面的理论及应用研究给予了学术上的大力支持。美国的农业风险管理局也拥有百名优秀专家，他们主要组织各项项目的实施以及从事农业风险管理政策的制定。另外，美国的再保险中介机构也拥有一批高素质的农业保险再保险专业人才。他们的工作能力强并有较高的学历，在这些高素质人才的协同工作下，促使美国的农业保险一直是以农业灾害的数据长期统计与精算为基础的，拥有先进的电子设备，构建了一整套严格的农业保险再保险管理制度。

2011 年，FCIC 在 2005 年《标准再保险协议》的基础上，进行了新的修订，主要出于四个目的：一是对保险公司的实际成本给予展业成本补贴；二是确保生产者可以持续使用这些重要的风险管理工具为保险公司提供合理的回报率；三是保护生产者不受更高成本的影响，同时通过州际调整再保险的执行使其惠及服务条件较差的生产者、商品和地区；四是将条款简单化，让《标准再保险协议》更加易懂、透明，从而提高项目的完整性。

（五）业务费用支持

联邦政府对于私营保险公司销售与服务作物保险给予财政上的支持，向承办政府农作物保险的私营保险公司提供 20%～25% 业务费用（包括定损费）补贴，并且这种财政支持的力度也在随着联邦作物保险项目的扩大而增加。另外，政府还承担联邦农作物保险公司的各项费用，以及农作物保险推广和教育费用。1980—1999 年，联邦政府给农作物保险的财政补贴总额累计达到 150 亿美元（含保费和费用补贴等），仅 1999 年就达到 22.4 亿美元。此外，公共农业技术推广体系还对农业保险的推广和教育提供服务，这也是政府支持农业保险的政策手段之一。

（六）紧急贷款的手段

1994 年美国政府颁布了《农作物保险改革法》，并推出了区域风险保险项目。根据该法案，如果农户遇到农业巨灾并引发巨大的农业损失，使得家庭生活与生产受到严重影响时，加入了区域风险保险项目的农户将有权获取"农民家庭紧急贷款项目"。实际上，从 1980 年开始美国农民就可以得到紧急贷款。据美国农业部统计，1980—1990 年期间，美国农民从紧急贷款项目获得了 100.9 亿美元的支持，这对于稳定农民生活以及生产的恢复发挥了积极作用。

（七）业务优化与创新

1. 保费打折

1999 年，美国的农业保险开始实施保费打折。实际上保费打折相当于一种变相的保费补贴，可以减少生产者购买保险的费用并提高参保率。据统计，由于采用了保费打折，1998—1999 年，许多农业生产者增加了他们的承保范围，提高了保障水平，高于 65% 的承保水平的承保面积从 1998 年的 9% 增加到了 1999 年的 24%。保费打折被采用以来，一方面有利于生产者，另一方面增加了联邦政府的负担，使得联邦政府承担了更多的保费。1999 年，30% 的保费打折增加了保费补贴 4.4 亿美元，使得政府在保费上的支出达到了 14 亿美元。2000 年，25% 的保费打折增加了保费补贴 3.9 亿美元，使得政府在保费上的支出达到了 13 亿美元。

2. 收入保险项目以及其他保险项目的增办

1996 年春天，美国开始开办收入保险，它是针对农民的收入给予的保险，使得农民既可以应对产出降低的风险又可应对价格下降的风险。1996—1998 年收入保险遍及全美，并延续至今。该保险要认定的农民收入是他们所种植的作物的收入，有了收入保险，农民不用再考虑收获季节的市场条件。收入保险在 1996 年引入联邦农作物保险项目的时候，只是在为数不多的县开展，并且只是用于玉米、大豆、小麦和棉花。但是 20 世纪 90 年代末期之后，收入保险增长较快，并且增加了对于大米、向日葵、高粱、菜籽油、大麦的收入保险。2006 年收入保险项目已经占联邦农作物保险项目的承保面积的 57%，其中的四分之三是玉米、大豆和小麦。这期间，政府的保费补贴发挥了增加参保率的作用。1996—2006 年间，政府对于收入保险的补贴从不到 30% 增加到了 56%，2006 年联邦政府对于收入保险的支付达到 18 亿美元，对于生产者的支付达到 14 亿美元。

目前，主要有五种收入保险产品可以购买，包括团体收益保险（Group Risk Income Protection，GRIP）、作物收益保险（Crop Revenue Coverage，CRC）、收益保证保险（Revenue Assurance，RA）、收入保护保险（Income Protection，IP）以及农场总收入保险（Gross Farm Revenue，GFR）。

GRIP 产品是以县而非农户为投保和定损的基本单位，保险标的是县平均的毛收入而不是产量。GRIP 产品的最大优点就是大大减少了保险成本，它既不需要农户的历史记录来确定保费和保障水平，也不需要估计作物损失来确定赔付额。当某种被保险作物的县平均实际收益（每亩毛收入）低于所选择的县平均预期收益水平时，农户就获得农作物保险公司的赔偿。在美国，此类产品的保障水平是预期收益的 70% ～ 90%，最高可按预期价格的 150% 保障预期产量的 90%。

CRC 产品旨在保障农作物种植者的收益，根据农产品的期货价格确定其保险金额，在产量或价格下降导致农民收入低于预先设定的保险金额时提供赔偿。CRC 解决了 MPCI 不能保障市场风险的问题，即在正常产量的情况下收入也可能较低的情况。该产品保的是农作物的保险金额与实际收益的差额部分。可选的保障水平为50%～75%，个别地区可达到85%，赔偿按某一种期货价格的90%～100%计算。CRC使用的期货价格分为基础价格和收获价格两种，其中"基础价格"是指播种前一个月的平均收获期货价格；"收获价格"是指同一期货合同在收获前一个月的平均价格。基础价格或收获价格中的较高者作为CRC所选择的作物"期货价格"，因此所提供的收益保障可能因作物收获时的价格上升而提高。CRC拥有诸多的优势：一方面，即使在没有发生作物产量损失的情况下也可能获得赔偿（市场价格下跌）；另一方面，如果出现价格上升而产量下降的情况，CRC允许农户选择购买替代产量。此外，由于CRC既适用于基本保险单元或可选择的保险单元，也适用于整个农场，因此推广很快，是目前最受欢迎的收入保险产品（于洋，2010）。

RA产品的可选保障水平为65%～75%，与CRC有所不同的是RA的收益保证水平不因作物收获时价格上升而提高。RA有两个特点：一是农民必须选择以"基础价格"或以"收获价格"这两种期货价格的一种作为计算保额的依据，若以"收获价格"计算，RA也称作RA－HP，且费率较高；若以"基础价格"计算，也称RA－BP，与下文的IP（Income Protection）相似。二是该产品也可以为整个农场提供收益保障，例如，可以将小麦和其他保险作物的收益作为保障对象统一计算。

IP产品提供的可选保障水平为50%～75%，与RA类似，但也有两点不同：一是IP只能以"基础价格"作为计算保额的依据，且IP所使用的"基础价格"未进行过调整，而RA所使用的"基础价格"是将期货价格进行调整后的地方价格；二是投保IP必须以整个农场而不是按地块作为保险单元，即所提供的保障只针对同一个县域内的同一种作物的全部。由于投保面积分散，如果不发生大面积的灾害损失，得到赔偿的几率较低，因此，该产品的费率也较优惠。

GFR 产品以整个农场作物、畜禽等产品的总收入作为承保和理赔的基础，当农场总收入低于保险金额时可获赔偿。

此外，指数保险产品在联邦农作物保险项目中起了比较重要的作用，FCIC 正力图使联邦农作物保险项目采用新的技术来开发创新型指数产品。例如，FCIC 为草场、牧场与饲料作物介绍了一个新的试验性保险项目，即依靠气象站的数据和卫星成像来检测植物的生长并决定保险的支付。降雨天气指数保险项目正在科罗拉多州、爱达荷州、宾夕法尼亚州、南卡罗来纳州、北达科他州以及得克萨斯州的 220 个县试验，这种产品是用降雨指数来测量预期的生产损失。植被遥感指数保险项目正在科罗拉多州、俄克拉何马州、俄勒冈州、宾夕法尼亚州、南卡罗来纳州以及南达科他州的 110 个县试验，该产品是以卫星成像为基础来决定某一地区的生产能力，并作为测量预期生产损失的一种手段。这些试验性保险项目可为 6.4 亿英亩的牧地与干草地中大约 1.6 亿英亩提供保险。

（八）新技术应用

保护农业、防止欺诈是 RMA 一直坚持的宗旨。RMA 试图通过发明、创造与运用最好的和最有创新性的方式来发现、预防与阻止农业保险的欺诈。

进入 21 世纪以后，新的前沿技术开始应用于美国农业保险的监管，例如，采用数码红外空中摄影技术监测作物的生长状况、测量灌溉的有效性、进行土壤分析、检测疾病与虫害的出现等来估计作物的收成，建立数据储存库以及数据采集等。这些新技术的应用极大地提高了对于农业保险的欺诈的事前预防，取得了成效。下面以实例说明这些新的技术在农业保险监管中的应用。

2002 年，对于加利福尼亚州的葡萄干生产者来说许多因素使他们具备了农业保险欺诈的潜在条件。一方面 Thompson 无核葡萄作物

（用于葡萄干的）丰收，而另一方面葡萄干的库存还有大量的盈余，这就意味着即将来临的丰收将要换回的是市场的低价，因此对于葡萄干作物损失的保险赔偿费要比市场价格每吨高出几百美元。在这种形势下，作物损失要比作物丰收对于生产者更有利，也就意味着生产者会人为地造成作物损失，产生保险欺诈。由于降雨所导致的损失是葡萄干保险单的唯一保险条件，而 2002 年又是一个相对干旱的年份，因此保险人需要监测是否农民把他们的作物留在了葡萄树上等待下雨而过了规定日期，或者他们把葡萄干放在了地上等待下雨过了收藏的日期。而对大面积的葡萄园的监测，如果在地面操作难以覆盖如此大的范围并且消耗人力与时间，因此 RMA 在监管中采用了数码红外空中摄影技术。RMA 西部地区执行办公室（RMA' Western Regional Compliance Office）与当地的遥感公司共同完成数码红外空中摄影，一次 4 个小时的飞行可以完成 100000 英亩的摄影，共进行了 5 次，首次作业在最后的规定日期，最后一次作业在收藏日期之后的某一天。与此同时，RMA 把拍下的资料发给"当地的农场服务机构"和葡萄干生产地区的报纸，其目的是对种植者起到事前警示的作用。而保险人会从 RMA 获取影像资料来决定保险的实际情况。2002 年该项保险的赔偿金额很低，表明了此项技术用于保险监管发挥了重要的作用，确保了农民的良好种植习惯。

多年来 RMA 收集了大量的可以用于发现保险欺诈行为的数据，但是直到 21 世纪才把这些数据放在不同的数据库，并建立了数据储存库。RMA 的调查人员可以为特殊案例的重要信息采集所有的现存的农业保险数据记录，也可以发现保险欺诈的结构性项目的模式，做到事前调查。2001 年与 2002 年，RMA 与卓越农企中心（Center for Agribusiness Excellence）合作并开发了一个数据储存库系统，该数据储存库有许多优点。首先，多年来保险单不断地改变、取消与更新，但是数据储存库没有改写或去掉系统中已经存在的旧的保险单。相

反，系统不仅保留了所有以前保险单的原始状态，而且记录了变化。因而，RMA 的执行调查人员可以检查保险单多年来的变化，他们在几分钟之内就可以发现旧的保险单的信息。其次，该项技术可以使调查人员快速而方便地获取数据以便对现有信息进行分析和评价，这意味着可以节省宝贵的时间和迅速采取行动来防止不恰当的赔偿支付。最后，原有的模块允许 RMA 与"卓越农企中心"开发数据采集工具，这可以实现对整个数据库的无缝扫描，从而发现行为模式并能验证表明农业保险欺诈与乱用的任何不规则的模式。此项技术在其应用的前两年，通过较低的索赔与赔偿支付为农业保险项目节约了 1.6 亿多美元。

另外，RMA 不仅依靠自己的成员去工作，而且需要与农场服务机构、保险人以及"农业部总监查办公室"等其他合作伙伴合作。

（九）农业巨灾风险证券化中巨灾债券的应用

从 1997 年开始，美国开始成功地运用巨灾债券，把保险业与金融业有效地结合起来。巨灾债券的基本做法是保险公司首先选择特定专业公司或者再保险机构，之后，特定专业公司或者再保险机构发行承担债务的附息证券，而保险公司依照全行业损失情况或者公司特定损失情况保留改变债券利息率的权利。1997 年，USAA 公司发行了两种形式的巨灾债券，总计 4.77 亿美元。投资人依照资本金获取正常利息，如在保障期内，某种引发事件出现，投资人将不能获取利息或资本金与利息都将失去。合同中对于引发事件则在事先有规定。此种发行被超额认购，大量的二级市场交易出现，个人投资者和机构在分担风险的债券上获得了可观的收益。1997 年以后，美国政府每年都在发行农业巨灾债券，并呈现增长的趋势，1997—2004 年共计发行农业巨灾债券 184 亿美元。

## 五、近年来美国农业保险经营绩效

1996 年以后，美国农业保险制度的发展具有了明显的政府政策支持，私营保险公司进行市场化运营的特点，较之前的联邦政府与私营保险公司共同经营农险的保险制度又发展了一大步。这首先表现为联邦农作物保险项目的规模进一步扩大，以下相关数据和资料来源于美国农业部网站。

（一）保费收入和赔付

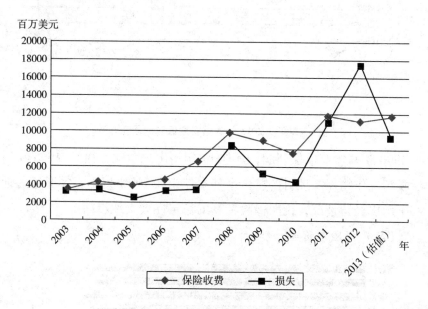

**图 5　美国农业保险保费收入与赔付**

农业保险的保费收入是指经营各种农业保险业务所获得总收入，反映了该国农业保险业的市场规模。自 1996 年以来，美国农业保险的保费收入呈现的是不断上升的态势，已经从 1997 年的 17.8 亿美元的收入增加到了 2013 年的近 118 亿美元的收入。相应地，赔付金额也相应大幅增加。总之，从保费收入来看，联邦农作物保险项目的规模得到了大幅度提升。

另外，农业保险经营稳定性提高。自 2003 年以来，只有 2012 年出现大规模承保损失，赔付率大于 100%，其他年份均有承保利润。与之前相比（比如，在 1981—1996 年的 16 年间，唯有 1994 年

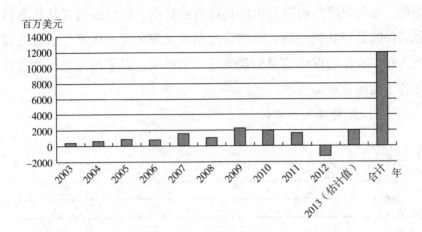

图 6　2003—2013 年美国农业保险的承保盈利

与 1996 年两年有承保利润，其他 14 年均出现承保亏损），1996 年以后联邦农作物保险项目的赔付率基本控制在 100% 以下，情况远远地好于历史经营情况，说明保险精算的稳定性大大地提高了。

（二）保险渗透率

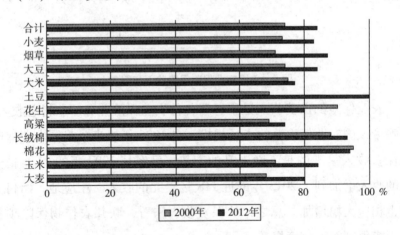

图 7　美国主要种植业保险渗透率（2000 年、2012 年）

种植业保险市场渗透率从 1990 年的 36% 提高到 2000 年的 73% 和 2011 年的 83%（以种植面积英亩计算，不包括干草、牲畜、苗圃、牧场等）。扩大保障的多风险或一切险保险（Buy－up）市场渗透率从 2000 年的 78% 提高到 2011 年的 92% 。其中，主要农作物的市场渗透率从 1990 年的 38% 提高到 2000 年的 74% 和 2012 年的 84% ，购买 Buy－up 保险的比例从 2000 年的 58% 提高到 2012 年的 79% 。

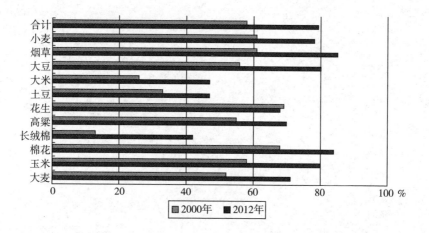

**图 8　美国主要农作物购买 Buy－up 保险比例（2000 年、2012 年）**

（三）保险金额

在美国的农业保险中，保险公司的保险金额也是农业保险项目发展规模的体现。美国农业保险保障的保险金额呈现整体上升的趋势，并由 1997 年的 254.59 亿美元增加到了 2012 年的 1166.48 亿美元。因此，从保险金额角度来看，联邦农作物保险项目的规模正在壮大。

# 第五章

## 典型国家农业保险制度及特点（二）——日本

日本的农业保险制度与美国的制度有很大差异，虽然都是政府强力支持的政策性农业保险制度，但为适应日本的小规模经营的农业和比较健全的农村合作制度基础，日本的农业保险业务的经营完全是由农业保险合作社（直译为农业共济组合）来运作的。日本农业保险政策也有自己的特点，特别是对于主要的农畜产品生产实行强制保险，从而尽可能地在保险经营上满足大数法则的要求等。

## 一、日本农业、农村和农民情况

日本是一个土地资源匮乏的国家，仅有30%的土地面积适合农业生产使用。农业在日本经济中所占的比重相对较低，2010年日本农业产值占国内生产总值份额下降到1.4%，农业就业人口占总人口比例不足4%。日本是世界上最大的农产品进口国，农产品进口额约占世界的8%，而出口额不到世界的1%。农业经营主体主要以小规模的家庭农场为主。大多数的农地是灌溉水田。畜产品的生产主要依赖进口饲料，畜牧业在农业中的比重一直呈上升态势。

日本农业灾害主要包括冻害、暴雨、台风等。1988—2007年，日本农业灾害的分布情况见图9。

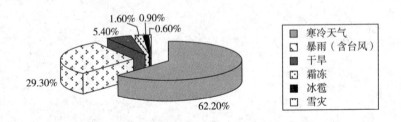

图9　1988—2007年日本农业灾害的分布情况

## 二、日本农业保险发展历程

日本政府采取公共政策，帮助农民解决灾后的损失补偿，防止农民失业和穷困方面已有很长的历史，早在 18 世纪，在幕府时期（1603—1867 年），日本就引进过中国明朝的"社仓"、"广惠仓"制度，建立过政府的仓储后备，这成为当时的主要公共救助方式。1888 年，日本政府的一位德国顾问保罗·迈耶特（Paul Mayet），曾建议日本建立农业保险项目。但真正通过立法建立农业保险制度是 20 世纪 20 年代以后。

日本从 1939 年开始实施政府种植业保险项目，迄今为止已经有 70 多年的历史。农业保险制度经过多次改革和修订。第二次世界大战之后，日本农业保险主要经历了以下三个阶段。

（一）起步阶段（1945—1957 年）

第二次世界大战后的 20 世纪 40 年代后期及 50 年代，日本的农业政策目标主要是保证安全、稳定粮食供应，提高食品自给程度以及保持稳定且较低的粮食价格。1947 年 12 月，日本政府将 1929 年颁布的《家畜保险法》（*Livestock Insurance Law of* 1929）和 1938 年颁布的《农业保险法》（*Agricultural Insurance Law of* 1938）合并，重新颁布了包括农作物和家畜家禽风险保险在内的新的农业保险法，即《农业灾害补偿法》（*Agricultural Disaster Compensation Act of* 1947）。从此开辟了依法强制参加农业保险和以系统性合作组织为基础组织形式的农业保险制度的先河。

（二）发展阶段（1957—1980 年）

日本 1947 年以来实施的农业保险项目也是在实践中不断发展和变化的。开始几年，政府的开支很大，1950 年，政府为其花费了 94 亿日元，1953 年遭受重大灾害，使政府的保险费补贴额增加到 364 亿日元。尽管如此，农民还是对强制投保不满，认为保费太高，觉得好处都让高风险地区的农民获得了。因此一段时间内，有的地区的共济组合因农民情绪抵触而停止经办（Toyoji Yamauchi，1986）。鉴于这种情况，政府对这一制度进行了多次修正和改进。另外，随着日本工业化快速发展，其农业政策目标转为提高农业生产率及农民收入，动员资源向迅速增长的制造业转移。日本农业保险在经过起步阶段后进入了发展阶段。

1. 赔付项目的改进

最初，一个村子内所有农民单位面积的保险金额都是一样的，并且它只保障平均正常产量的50%，对平均产量较高的农民来说保额显然偏低。因此，1957年，他们将每1500公斤水稻的最高保额提高到49000日元，这是保险价值的70%。之后为了使种植业保险项目具有更大的灵活性，使农民能根据各自的保险需求来选择保额，他们采用了一种灵活决定地块保险价值的办法。1957年，他们规定对于1500公斤水稻，投保农民可以在2万、3万、4万、5万和7万日元价值中进行选择。不过为了省事，保险价值是由共济组合来为投保农户选择的。1963年被保险农作物的最高保险价值提高到政府规定价格的90%，农作物全损时可能得到的最高赔偿提高到正常产量价值的63%。

从1971年开始日本实行农场单位保险项目，它是根据整个农场的正常产量来补偿农作物损失的。农业共济组合的会员自由选择是否参加该项目，尽管这种选择必须由共济组合全体会员大会来决定。在该项目里，被保险农作物的最高保额已经提高到整个农场正常产量的72%，它等于整个农场种植业保险价值的80%，因为保险价值是用正常产量乘以政府规定价格的90%得来的。在这项项目中，赔付额是根据下列公式计算的：赔付额＝（单位农产品政府规定价格的90%）×（整个农场正常产量的80%－农场实际产量）。

在投保农作物遭受全损时，农场单位保险项目的最高赔付率高于地块单位保险项目。任何超过整个农场产量的20%的损失，就可以得到赔偿。因此，农场单位保险在保护农民免受重大自然灾害方面，比地块单位保险更为有效。然而，在一般灾害情况下，参加农场单位保险的农民得到的赔付额低于参加地块单位保险的农民。这是因为，尽管一个农民所种植的几个地块中，有一个地块遭灾受损，但对于整个农场来说如果该地块产量与农场总产量没有多大的正相关关系，因此这种损失很小，甚至不算损失。所以，多数农民都继续选择地块单位保险项目。

2. 投保和农作物费率的差异化

为了减少农民对法定种植业保险的抱怨，1957 年在修正《农业损失补偿法》时，将费率确定的范围缩小了，以更好地反映不同地区风险水平的差异性。尽管这一修正还做不到以单个农场确定费率。但在风险水平差异显著的地区，村与村之间的费率则可以根据它们过去农作物损失率的差异而区别开来。

3. 强制参加种植业保险的面积规定的改变

为了减少农民抱怨而进行的另一项改进，就是提高法定保险农作物面积的下限。1957 年以前，如果农民种植可保农作物的面积超过 0.1 公顷，就必须购买种植业保险。经 1957 年《农业损失补偿法》的修正后，只有种植可保农作物面积超过 0.3 公顷的农民才被强制购买保险。这一调整允许许多种植农作物面积较小的兼业农民不参加种植业保险。

4. 种植业保险项目组织方式的改变

尽管有上述的种种改进，农民对种植业保险仍然不满意。多年来，经济环境和组织制度环境也发生了变化，这使人们对实施该保险项目的最初组织方式继续存在的合理性产生了一些怀疑。水稻产量不仅迅速增加，而且风险减少。同时，村、镇和城市的日益整体化使农业共济组合的组织规模不断扩大。在这种情况下，农业共济组合已有能力对它的会员提供更多的保险保障。原先，共济组合只承担保险保障责任的 10%，其余 90% 的责任要分保给共济组合联合会。但在 1963 年以后，根据法律规定它们的自留责任增加到农作物损失中正常损失部分的 50% ~ 80%，也就是说分保给农业共济组合联合会的责任可以减少到 20% ~ 50%。这一改变增加了共济组合的保费留用额，从而增强了它们防治病虫害的经济能力，也给共济组合提供了一些灵活性。如果连续几年都没有发生赔付，农业共济组合将返还给农民一部分保险费。在技术水平的提高而使水稻生产风险减少的情况下，这样做对农民是有利的。

计算保险费率的方法在 1967 年也改变了。新费率是由农业共济组合根据在各地开展保险过程中所收集的统计资料厘定的。费率计算的地方化，使得损失率及其在时间上变化的确定更精确。

5. 被保险农作物的变化

随着日本农业经济的快速发展和日本市场结构的变化，在 1947 年种植业保险项目中的一些被保险农作物（小麦、大麦、黑麦和旱稻）在农场经济中的重要性不断下降。而水果和精细园艺作物变得比较重要了。种植水果和其他园艺作物由于面临台风、冰雹和其他气象灾害的风险，经常遭受大面积的损失，种植主迫切需求保险。

经过五年试验后，水果保险项目于 1972 年在自愿的基础上展开了。1979 年，为园艺种植主服务的保险项目也在自愿的基础上实行了。该项目为塑料大棚和温室里种植作物提供保险，也承保保护性建筑以及加热器之类的设备。这一项目也是先经过五年试验后才推开的。

值得注意的是，这些新农业保险项目都是在自愿基础上展开的。以往人们一直认为，在日本这样的国家，农场规模很小，种植业保险不强制参加，就不可能实行。但水果和精细园艺作物的自愿保险确在顺利地进行，这主要是因为水果和精细园艺作物产值很高，成本也很高，每英亩水果的生产成本是水稻的 2 ~ 3 倍，精细蔬菜的成本则是水稻的 10 倍多。在这种灾害损失期望和收入预期都较高的情况下，农民回避风险的需求远比种植普通作物时要高得多，同时，与这些作物的高收入相比，保险费也就容易接受了，何况这些新的被保险农业的保险费的绝大部分仍然由政府补贴。

随着国际农产品市场不稳定性的加剧，日本政府又把食品安全作为其农业政策的重点目标，同时把保护日本膳食结构特征以及提高农业生产率作为发展目标。日本农业保险也从 1980 年开始进入了逐渐完善的细微调整阶段，主要是从以下三个方面进行：

1. 适应农户需求，扩大保险品种，提高补偿水准

日本农业灾害补偿制度中农作物的保险是水稻和麦类、桑蚕保险，家畜保险是以牛、马、种猪、山羊、绵羊为保险对象。这些保险对象和业务是 1947 年后逐步开始实施的。此后，日本政府随着农业生产情况的不断变化、农作物受灾数据的积累、农户需求等的不断变化，不断调整保险品种和保险补偿标准。这对保护农民的生产经营是非常重要的。日本农业保险产品包括水稻、小麦、大麦保险（全国项目）、牲畜保险（全国项目）、水果生产和果树保险（可选项目）、大田作物和蚕桑保险（可选项目）以及温室保险（可选项目）。

2. 研究实施科学的灾害损失评价方法

目前，农业保险互助合作组合等部门的"水稻保险损害评价"是对灾害申请的所有田地进行调查确认，受合作社社长的委托，由农户代表义务地进行工作，称为"损害评价员"。但是，即使是特别熟练的"评价员"，用肉眼进行推测，肯定也会产生误差。这个误差最终会对保险金的多少产生影响，引起获得保险金少的农户的异议，产生矛盾。而且，日本近年来农业后继者不足，也没有培养下一代"损害评价员"，这使得目前的灾害评价体制很难继续维护下去。因此，投保农户和组合成员纷纷要求开发客观的科学的损害评价方法。目前，日本已经开始研究利用卫星对水稻的损害进行评价的方法。

在未来的几年内，在全国范围内全面开展这种损害评价方法。

3. 强化风险管理的支持活动

农业保险的实施目的，是对农业灾害的补偿。但是，农户在农业生产活动过程中，除了受自然灾害影响外，还受农业经营上的其他各种风险的危害，化解和降低这些风险也是非常必要的。为了化解和降低这些风险，日本的农业保险组织开展了对农户风险管理的支持活动。例如，环境保护型病虫害防治措施、家畜的削蹄或除角、土壤诊断、病虫害发生的预测、畜舍的消毒、野猪等兽害对策、家畜的饲养管理及血液检查等活动。今后，农业保险组织仍将进一步强化系统的风险管理支持活动。

日本农业保险经历了起步、发展和细微调整三个阶段。经过了70 多年的改革发展，农业保险业务不断扩大，保险水平不断提高，对稳定农业生产、提高国民福利水平起到了至关重要的作用。

### 三、日本农业保险组织架构与协调机制

(一) 组织架构及其职能

日本的农业保险的组织架构分为三个层次：村一级农业共济组合（the Agricultural Mutual Relief Associations），府、县一级农业共济组合联合会（the Federations Mutual Relief Associations），设在农林省的农业共济再保险特别会计处（the Federations Mutual Relief Reinsurance Special Account）。除了这三个层次外，还建立了农业共济基金会（the Federations Mutual Relief Fund），作为联合会贷款的机构，参见图 10（庹国柱等，2002）。

农业共济组合设立在各个村（镇、市），以周围的农民为会员。以村（镇、市）成立农业共济组合，这个地区的所有农民，只要其可保农作物的种植面积超过法定最低限（最初是 0.1 公顷，1957 年以后改为 0.3 公顷），就自动成为组合的成员。

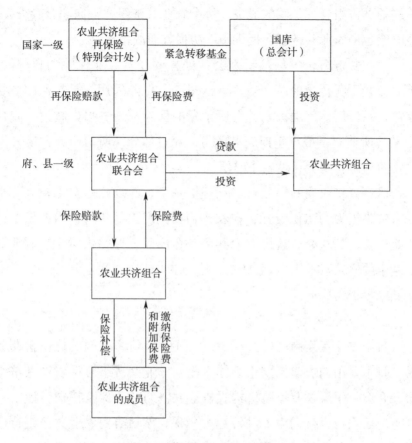

**图 10　日本农业保险的组织架构图**

农业共济组合负责在当地经营农业保险，与其成员签订保险合同，承保稻子、小麦、大麦、蚕茧和家畜；收取保险费，评定被保险人所投保的保险标的的损失，并向被保险人支付赔款。农业共济组合依法要向农业共济组合联合会分保，最初，分保实行的是成数再保险，每个农业共济组合将保险金额的10%自留（同时自留10%的保险费），将90%的保险责任分给联合会。每个农业共济组合要向其成员提供防灾防损的工具和器械，例如，防治病虫害的工具、器材，被保险家畜卫生防疫器械等。

农业共济组合联合会设立在各个府（县），该府（县）内的所

103

有农业共济组合都是它的成员。每个农业共济组合都向联合会分保。联合会也向农业共济组合提供防灾防损方面的指导。

农业共济组合再保险特别会计处主要经营农业保险的再保险，但它只接受联合会的分出业务。这里的再保险采用的是超额赔款再保险，在任何一年里，联合会所承保的保险标的的损失超过一定的水平（所谓"一般灾年损失水平"），超过部分（所谓"异常损失"）将由再保险特别会计处给予赔偿。

联合会将收集的保险费建立补偿基金，并以此基金承担大部分正常灾害损失的赔偿责任，在农作物损失严重的年份，当补偿基金不足以支付赔款时，就由农业共济基金向联合会提供贷款。农业共济基金的原始资本为30亿日元，是由中央政府和联合会以50%的比例共同投资组成的。

（二）协调机制

日本农业保险制度较为成熟，农业保险组织之间的协调机制完善。日本采用的农业保险组织体系是：农业共济组合→农业共济组合联合会→国家农业保险机构（农业共济组合再保险特别会计处），即本地区农户直接向农业共济组合承保，然后再向农业共济组合联合会进行部分分保，农业共济组合再保险特别会计处又向农业共济组合联合会提供超额赔款再保险。

这一保险制度是利用保险的方式来分散风险，同时也对受灾农户的损失进行补偿。农业共济组合承担农户保险费的收取、受灾农户保险金的发放等与农户直接相关的业务。制度实施初期，原则上每个市、町、村成立一个合作社，但之后，考虑提高业务的效率而进行合并，现在每个组合大约包括6个市、町、村（由于市、町、村也进行合并，如果按照制度实施当时的市、町、村计算的话，现在的每个合作社覆盖约37个市、町、村），组合的覆盖范围相当大。但是，不管组合的范围怎样扩大，也不能最终解决风险分散的问题。

因此，各组合将自己承担的向农户支付保险金的一部分责任转给都道府县级的联合会，即向都道府县级的联合会进行投保，确保合作社的运作不受影响。然而，联合会以都道府县为区域，与组合相比具有更大的风险分散作用，但是大的灾害发生时，联合会本身也很难支付大量的保险金。因此，联合会对合作社支付保险金的一部分资金向政府（农林水产省）进行再保险。政府通过接受所有联合会的再保险，在全国范围内进行风险分散。

日本农业保险的这种组织之间相互协调的机制发挥了极大的作用：

（1）能够激发农户投保的热情。其原因是日本农业保险产品的价格优势和险种优势。一方面，互助合作制的保险组织不以盈利为经营目的，它们收取的保险费中没有利润因素，保险成本很低，因此可以提供非常优惠的保险价格；另一方面，互助合作制保险组织较为贴近基层，在险种设计上更能满足参保农民的自身需求，参保农户具有的双重身份，使具体的保险需求能够直接反映到险种开发设计之中，缩短了险种开发周期，真正做到了"想农民之所想，急农民之所急"。

（2）能够有效防止逆选择和道德风险。与其他保险类型相比，农业保险由于受农业生产经营的自身属性及农民自利的小农意识的影响，在经营过程中存在较为严重的道德风险，并且难以有效控制或控制成本过高。另外，农业风险存在较大的个体差异和地区差异，造成农业保险经营中的逆选择更为严重，这也是其他农业保险模式中最为头疼的问题。但在互助合作的保险模式中，投保人同时也是保险人，共同的利益关系有利于形成相互监督机制，能够有效避免"联手吃保险"情况的发生。另一方面当然与日本政府的强制保险和大额补贴政策也是分不开的。

（3）有利于进行风险管理和核保理赔。参加互助合作制保险组织的成员是精通农业技术的农户，与国家或者保险公司的工作人员相比，他们对保险组织面临的风险及其他投保人的风险具有更清楚的认识和评价，更熟悉本地农业生产的特点，并且作为投保人和保险人的统一体，也更具责任心，因此在开展农业保险的承保、查勘核损、理赔及风险管理工作时更具优势。

## 四、日本农业保险的政策支持

### （一）完善的法律体系

农业保险的法制化建设是农业保险的前提和保障，只有制定了农业保险的法律规范，农业保险才能依法经营。又由于农业保险实践总是处于不断发展之中，这就要求农业保险法律必须与之相适应，不断地进行修订和完善，以保障农业保险的健康运行。日本正是根据实践提出的问题对农业保险法律进行了多次修订，才使农业保险的效能和效率不断得到提高。日本政府历来重视农业保险法律建设，早在1929年就制定了《牲畜保险法》，1938年又制定了《农业保险法》，1947年又将这两部法律修改合并为《农业灾害补偿法》，该法对农业保险的组织机构、政府职责、强制与自愿保险范围以及费率制定、赔款计算、再保险等都做了明确具体的规定，以后进行了多次调整修订，形成了统一和完善农业保险制度。之后根据农业发展的需要，于1957年、1963年、1966年、1972年、1978年、1985年和2003年对农业保险法律制度进行了多次修改，从而为日本农业保险的持续发展提供了强有力的制度保障。

### （二）强有力的财政支持

财政支持是农业保险可持续发展的重要保障。从国际上看，凡是农业保险搞得较好的国家，政府对农业保险都给予了多方面的支持，如实行免税政策，对保费给予一定比例的补贴，政府出面制定和实施农业保险项目等。日本也不例外。为了减少农民的保险费用，日本政府对农业保费补贴的比例按费率不同而高低有别，费率越高，补贴越高。费率在2%以下政府补贴50%，费率在2%~4%政府补贴55%，费率在4%以上政府补贴60%。如水稻为费率的58%，小麦为费率的68%，春蚕茧为费率的57%，牛、马为费率的50%，猪为费率的40%。根据日本农林水产省管理提升局（Management Improvement Bureau of the Ministry of Agriculture, Forestry, and Fisheries）的估计，1999—2005年，日本政府平均用于保费补贴的金额约为6.4亿美元，约占农业保险保费的50%。

为了降低农业保险经营单位的营运成本与风险，日本政府还对农业保险的经营者提供业务费用补贴，政府承担共济组合联合会的全部费用和农业共济组合的部分费用。该费用平均为每年0.44亿美元。

（三）强制保险与自愿保险相结合

日本农业保险采用强制保险与自愿保险相结合的实施方式，强制保险和自愿保险都享受政府补贴和再保险，一定程度的强制性是实现农业保险顺畅展业的基本原则。日本通过法律明确规定，对具有一定规模的农户实施强制保险。凡对国计民生有重要影响的水稻、小麦等粮食作物，春蚕茧及牛、马、猪等牲畜实行强制保险；当农户种植的可保农作物面积超过法定最低限（目前为0.3公顷）时就会自动成为该地区农业共济组合成员，即参加了农业保险。对果树、园艺作物、旱田作物、家禽等则实行自愿保险。

（四）再保险支持

通过再保险或者农业风险基金等形式来分散农业保险经营者的风险，这也是农业保险制度的重要内容。农业保险的保险人，把千千万万家农户转嫁来的农业风险责任集合于一身，按照大数法则和保险经营规律，必须通过再保险方式，在更大范围内分散风险，分摊损失。在农业风险频繁发生的情况下，农业保险再保险显得更为重要。日本也建立了农业保险再保险制度。实际上，日本的农业保险是两层再保险，即农业共济组合联合会为地方农业共济组合提供再保险服务，而中央政府为农业共济组合联合会提供再保险服务。

在渔业保险方面，日本以国家信用为经营渔船保险的团体进行担保，由国家承担超额赔付部分的再保险责任，提高了经营渔船保险的团体的信用等级和可信程度，使渔民可以放心地参保，有力地促进了渔船保险事业的发展壮大。日本在 1999 年《渔船损害等补偿法》修改以前，采取的是政府承担渔船保险组合 80% ~ 90% 再保险责任的直接再保险办法。现在，除了特殊保险和渔船船员工资保险外，都由渔船保险中央会代替政府进行再保险。日本政府只承担再保险责任，当渔船保险中央会的渔船装载保险和船东责任保险的赔付率超过 120%、普通损害保险超过 150% 时，由政府承担其超过部分的赔偿责任，政府是渔船保险中央会的强大靠山。这一转变也标志着在政府主导下，用市场的手段聚集船东资金，共筑保障体系的实践已经成熟、稳定，渔船保险中央会的实力已经十分强大，政府的负担正在减小。

## 五、日本农业保险经营状况

目前，日本农业保险包括五个项目：一是水稻、小麦和大麦保险（Rice, Wheat and Barley Insurance, 1948）；二是牲畜保险（Livestock Insurance, 1948）；三是水果和果树保险（Fruit and Fruit - tree Insurance, 1973）；四是大田农业保险（Field Crop Insurance, 1979）；五是温室保险（Greenhouse Insurance, 1979）。除了室外生长的蔬菜和花卉以及家禽，几乎所有的农作物和牲畜都可以参保。近年来，日本农业保险的经营状况如下，相关数据和资料来源于日本农林水产省。

（一）保险金额

日本农业保险发展比较成熟，近年来保险金额保持相对稳定，约为3.5万亿日元。其中，水稻、森林、牲畜、园艺设施等保险的保险金额较高。

**表15　　　　　　　2007—2011年日本农业保险的保险金额**

单位：千日元

| 年份 | 2007 | 2008 | 2009 | 2010 | 2011 |
|---|---|---|---|---|---|
| 水稻 | 1234763678 | 1217294622 | 1223157213 | 1105388075 | 1072154243 |
| 旱稻 | 46376 | 45532 | 46282 | 49515 | 51540 |
| 麦 | 63836785 | 67224414 | 83276736 | 80759436 | 130882973 |
| 大田作物 | 130596303 | 133840859 | 140351927 | 145994872 | 189364137 |
| 水果 | 104786915 | 104801091 | 107248619 | 109406000 | 102719910 |
| 果树 | 9536835 | 9672886 | 9423107 | 9482147 | 8372264 |
| 园艺设施 | 444238271 | 435901905 | 417047784 | 404910103 | 388583655 |
| 牲畜 | 760955613 | 747149677 | 724584948 | 703642413 | 691124278 |
| 森林 | 1098868042 | 1054318809 | 965326532 | 967956404 | 935819190 |
| 合计 | 3847628818 | 3770249795 | 3670463148 | 3527588965 | 3519072190 |

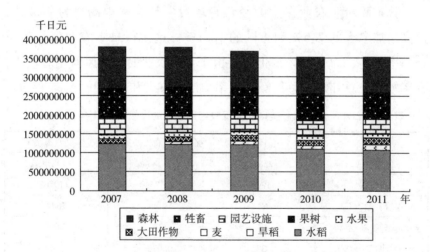

**图11　2007—2011年日本农业保险的保险金额**

（二）参保率

按面积计算，日本主要农作物的参保率约为45%。由于水稻和小麦要求强制保险，谷物类作物的参保率非常高，平均达到90%以上，如水稻保险的参保率为 92.7%，小麦保险的参保率为 96.7%。牲畜保险的参保率存在差异，其中奶牛的承保率最高，为 91%。

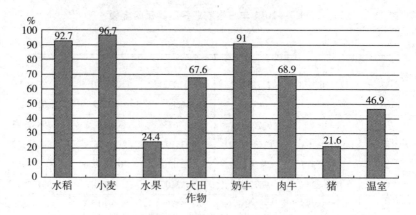

**图 12　2012 年日本农业保险的参保率**

（三）经营成本

日本政府对农业保险的经营管理费用补贴率很高，为 33.5%，远高于加拿大的 7.6% 和美国的 12.1%。这使得日本农业保险的总补贴率很高，为 83.6%。但可能由于日本农业面临的风险相对较小，费率较低，总补贴占总保额的比率却比加拿大和美国低。

表 16　日本、加拿大和美国农业保险经营成本的比较（2011 年）

|  | 日本（十亿日元） | 加拿大（百万美元） | 美国（百万美元） |
|---|---|---|---|
| 保额（A） | 2581 | 14688 | 114214 |
| 总保费收入（B） | 120 | 1525 | 11970 |
| 保费补贴（C） | 60 | 921 | 7642 |
| 经营管理费补贴（D） | 40 | 116 | 1448 |
| 费用补贴率（D/B） | 0.335 | 0.076 | 0.121 |
| 总补贴率（C+D）/B | 0.836 | 0.680 | 0.744 |
| 补贴占总保额的比率（C+D）/A | 0.039 | 0.071 | 0.078 |

### 六、日本种植业保险存在的问题与发展方向

日本政府对改进后的种植业保险项目付出的代价仍然是高昂的，当然对农民和消费者来说它带来的利益是很可观的。日本的农业保险项目，在第二次世界大战后的粮食短缺时期，目标之一是增加全国水稻生产。而农业保险确实在鼓励高风险地区的农民扩大水稻生产方面发挥了有效的作用。这在农作物生长季节频繁遭受低温冻害的日本北部尤其得到证实。另外，在实施种植业保险项目中，农场普遍加强了病虫害防治。这对农作物产量的提高也有很大促进作用，每个农业共济组合都为会员提供预防农作物病虫害的设备和农药。农业共济组合的技术员也帮助被保险农民进行防治工作，农业共济组合还向农民预报灾害来临的信息，这些活动不仅有助于提高水稻产量，而且有利于减少保险成本。

虽然日本农业保险取得了较大的成功，但也存在如下问题有待改进：

一是强制参保问题。日本种植业保险最大的难题是如何解决农民对种植业保险项目强制性的抱怨。这些抱怨主要是由生产不稳定地区和生产稳定地区农民所得到的保险利益不均等造成的。显然，地区之间的费率公平性是问题的关键。为此，日本的种植业保险项目一直以减少农民对种植业保险的保守态度和强制他们参加保险之间的摩擦为目的来设计。这主要是通过保费的合理化，农民获得利益的扩大和项目组织方式的改进来实现的。日本在解决这些难题时的经验，有助于其他国家解决小规模农场的农场主消极对待强制性种植业保险的问题，以及如何使强制性农业保险对生产相对稳定地区的小规模农场的农场主有吸引力的问题（Toyoji Yamauchi，1986）。

二是财政预算约束。日本的农业保险保费和管理费补贴比较高，尽管在其国内反映没有有些国家那样强烈，但如何降低保费补贴和

经营管理费用补贴，也成为日本农业保险发展改革的重要议题。

三是部分保险标的的参与率低。比如水果保险的参与率相对较低，如何提升其参与率是日本农业保险的重要议题。

四是新保险产品的开发不多。日本一直坚持传统的产量保险，其技术、规则都比较成熟，对于其他国家农业保险市场上琳琅满目的创新产品并不感兴趣。他们觉得也应该引入收入保险以及指数保险等产品，进一步提高效率和降低经营成本，认为这是日本农业保险的重要发展方向。

第六章

典型国家农业保险制度
及特点（三）——印度

印度是典型的发展中国家，农民在人口中占比较大，其农业生产方式与中国类似，经营规模较小，而且是靠天吃饭的农业（或者叫雨养农业），而农业风险管理水平较低，政府支持农业的经济能力也比较有限。印度从 20 世纪 60 年代就在联合国的倡导下开始试验开展农业保险，也有一些波折。在最近十多年发展较快。在发展中国家中印度农业保险发展有自己的特点，也取得了不错的成绩。

## 一、印度农业、农村和农户情况

印度是世界上仅次于中国的第二大人口大国，也是一个农业大国，拥有亚洲面积最大的耕地，达 1.43 亿公顷，人均占有耕地 0.16 公顷。农业在国民经济中占有非常重要的地位。2007 年，农业产值占国内生产总值的 16.6%，农业劳动力占全国劳动力总量的 60%。

印度目前是仅次于中国的世界第二大小麦和大米生产国，是仅次于美国、中国和巴西的世界第四大粗粮生产国，具备扩大农业生产的巨大潜力。印度农业生产结构以种植业为主，种植业又以粮食作物为主。种植业内部结构是：粮食产值占种植业总产值的 48.3%，油料占 12.7%，蔬菜和水果占 10.4%，棉花占 3.8%，烟草占 0.5%。主要农作物有大米、小麦、玉米、高粱、小米、大麦、油籽等。

由于印度的特殊气候条件，气候对印度农业的影响极大。印度的气候条件之所以特殊，不仅由于其纬度较低，而且由于北部的峻岭高山挡住了北方南下的冷空气，从而使印度成为世界上最热的国家之一。同时，其三面临海，使大部分地区处于热带季风区内，降雨量在时间上和地区上分布极不平衡。为此，印度农业生产的好坏，主要取决于气候条件，即雨季来临的早迟及雨量的大小。当然，随着现代农业的发展，特别是现代水利设施的不断建立，气候对印度农业生产发展的影响逐渐有所减弱，但气候对印度农业生产的影响依然存在。

小农成分在农业生产中占统治地位。农场总数达到 1.155 亿个，60% 的农场规模不足 1 公顷，只有 1% 的农场规模达到或超过 10 公顷。在一些人口密集的地区，户均占有土地面积更少。由于人均耕地面积少，小农经济在印度农业生产中占有统治地位。

## 二、印度农业保险发展历程

农业保险对于印度意义重大，原因在于印度农业高度依赖于天气，这使得 1.2 亿农户非常脆弱。通过为遭受不利天气的农户提供经济补偿，农业保险能够直接提高受灾农户的福利，对于占 80% 的经营面积不到 2 公顷的小农户尤其如此。更重要的是，农业保险可以作为获取贷款的抵押，提高了农户对贷款的可得性，使他们有机会投资，从而提高农业生产效率。农业保险既可以提供经济保障，又可以促进农业信贷市场的发展，与事后的灾害救济相比，农业保险是政府更具吸引力的支持农村地区的经济手段。

（一）研究探索阶段

在 1947 年独立后不久，印度政府就开始考虑农业保险问题。鉴于食品和农业部（Ministry of Food and Agriculture，MOFA）向中央立法机关（Central Legislature）承诺引入作物和牛保险，一项专门的研究也于 1947—1948 年进行。该研究关注的问题是农业保险是采取个体农业保险（Individual Approach）还是同质区域保险（Homogenous Area Approach）。前者基于个体农户的产量损失支付保险金，其前提条件要获得在一个足够长的时期内作物产量可靠的和精确的数据，以便确定费率，但这些数据在当时很难得到。后者正视个体农民可靠的生产数据的缺失和个体方法的道德风险，它将一个作物产量和产量变化的同质地区而不是单个的农民作为保险的基本单位。研究赞成将大面积的同质地区甚至是各种农业气候同质地区作为保险的单位，同一农业气候区域内的农民可以缴纳同样比率的保险费，并获取同样比率的赔偿金。因为以个体农户为保险计量单位在赔偿和保险金的支付方面都过于繁琐。计算同一区域内农作物的产量及波动情况远较计算个体农户农作物产量及波动情况容易。当食品和农业部将这一项目向各邦推广时，各邦都不愿接受。理由是农业保险风险很大，而中央没有给予相应的财政支持。

随后，继续在农业保险方面进行探索，到1961年印度政府开始在农业大邦之一的旁遮普邦开展农业保险试点工作，当时在该邦内6个地区的100个村庄开办试点工作，对小麦、棉花、大豆和甘蔗的一切险进行承保，但由于当时中央政府对农业保险的认识不足，没有提供更多的资金援助，保险试点工作无法继续扩大。1965年，印度政府提出一个《农业保险法案》（*Crop Insurance Bill*），并向各邦政府提出一个关于在强制基础上的农业保险项目的模型，要求各邦政府提出意见，在该法案中规定中央政府对邦政府的保险赔偿责任提供再保险。然而，由于涉及到财政责任，没有一个邦赞同这一项目。在收到各邦政府的反馈后，1970年7月，一个由当时的农产品价格委员会（Agricultural Price Commission）主席领导的专家委员会详细地研究了这一项目的经济、管理、财政和精算方面的含义。

（二）正式实施阶段

1. 实践试点阶段（1972—1999年）

直到1972年9月，印度政府才决定由政府直接组织和试办农业保险，业务由全国性保险机构印度财产保险公司负责，农业保险赔偿责任由中央政府和邦政府两级共同分担，印度财产保险公司承担75%，邦政府承担25%。该保险的估产、收费、理赔等经营管理费由政府支付。农作物保险的保障水平是正常产量的75%，并有25%的免赔额，这种保险是自愿的，但对于申请农业贷款的农民是强制的。保险期间若有灾害损失发生，保险公司在理赔时将赔款直接支付给贷款机构，这对农业金融机构发放农业贷款是一个很实际的支持，因此这部分业务从实质意义上来说是农业信用保险。

印度财产保险公司试办的农作物保险起初是按单个农户的农作物产量和灾后的损失进行理赔的，但它们很快发现这种自愿投保的农作物保险成本太高，道德风险也无法防范，因此很难推广。后来它们推行了一种"区域方法"，将农作物的产量按照不同的区域进行试验收割确定出一个标准，而不必考虑每一个农户是不是都能按照正常方法种植。也就是说，不要求评定每个农户的产量，从而在一定程度上规避了道德危险、降低了管理费用。这样不但使保险费率可以降低，而且不会使精心管理农作物的农户反而比疏于管理的农户得到的赔款少而影响诚实农民的积极性，因为个别农户收成的好坏与以区域为标准计算的赔款率基本无关。

印度政府在 1973 年对一般保险企业实行国有化以后，政府在开展农作物保险试点的同时，还通过印度财产保险公司的 4 个子公司，又陆续开办了奶牛、肉牛等牲畜的自愿保险种类，主要是对执行奶牛发展项目的合作农场提供奶牛、肉牛保险，到 1977 年它们一共承保了 77 万头牛。

到了 1985 年，印度政府在全国范围内推行综合农业保险项目（Comprehensive Crop Insurance Scheme，CCIS），继续加大在农作物保险方面的试验，以积累经验和数据。该项目与农作物短期贷款相联系，采用区域保险方式。具体包括：对遭遇干旱和洪灾的农户提供金融支持措施；农户保证在来年重新具备信贷资格；农户投保对象主要包括谷物、豆类和油菜籽。综合农作物保险项目由一般保险公司和各邦政府按照 2:1 的比例分担农户投保风险损失，各邦自愿选择办理这项保险项目，农户则自愿参加。该项目在 15 个邦和 2 个中央直辖区得到执行并一直持续到 1999 年的雨季。CCIS 从其实施到 1999 年雨季，该保险参与农民总数为 76265438 人，承保面积总数为

127570282 公顷，总保险金额为 2494.9 亿卢比，总保费收入为 40.356 亿卢比，总赔付额为 230.345 亿卢比，赔付比为 1:5.71。

古吉拉特邦从 CCIS 中获益最多，超过一半（58%）的赔款支付给这个邦种植花生的农户。1985—1999 年，其他参与该项目邦的保费收入占全国总保费收入的 84%，但得到的赔偿仅占总赔偿的 42%。古吉拉特邦的赔偿与保费比接近 20.74，而全国的平均水平仅为 5.72。马哈拉施特拉邦在 1985 年、1986 年和 1987 年遭受了严重的旱灾。1990 年、1991 年、1992 年出现了大规模的作物损失（特别是雨季的花生）。有报告表明，在农户的压力下，裁断作物产量的乡村官员低估作物产量以便该地区的农户可以得到赔偿（Mishra, P. K., 1994）。在作物中，花生的损失成本最高，为 16.02。而且，花生占总赔偿的比例近 53%，其占总保费收入的比例仅为 19%。全部作物的损失成本为 9.29%，谷类损失成本较低，为 6.6%。

CCIS 的主要不足在于，项目是区域保险，仅承保贷款农户，所有农户和地区都实行统一费率，承保的作物种类有限以及赔款支付拖延。

2. 实验性的农业保险项目（1997—1998 年）

当 CCIS 还在实施之时，在各邦政府的要求下，对于现存的 CCIS 进行改革的努力一直在进行。在 1997 年，一个新的项目——实验性的农业保险项目（Experimental Crop Insurance Scheme, ECIS）于 1997/1998 年雨季。在 5 个邦的 14 个县得到推行。该项目的意图是承保那些不从金融机构借贷的小农户和边缘农户。该项目对小农户和边缘农户给予 100% 的保费补贴。中央政府与邦政府按照 4:1 的比例对保费收入与赔付进行分担。参与该项目的农民有 454555 人，保险金额为 16.811 亿卢比，赔付额为 3.780 亿卢比，保费收入为 0.284 亿卢比。该项目只实施了一个季节就停止了，基于该项目的实验，国家农业保险项目（National Agricultural Insurance Scheme）开始了。

### 3. 国家农业保险项目

国家农业保险项目（National Agricultural Insurance Scheme，NAIS）从 1999/2000 年雨季开始实施，取代了 CCIS。2002 年 12 月成立了印度农业保险有限公司（Agricultural Insurance Company of India Ltd.，AICI），2003 年 4 月开始运作，独家负责实施 NAIS 项目。缴费和赔偿都通过银行系统。自 2007—2008 年，开发了天气农业保险项目（Weather Based Crop Insurance Scheme，WBCIS），作为 NAIS 的补充。

该项目为所有农民提供保险，不管其贷款与否。贷款农户必须强制参保，非贷款农户自愿选择参保。承保作物包括所有的粮食作物、油菜籽和一年生的园艺/经济作物，但是该项目要求获得有足够年份的产量数据。在一年生的园艺/经济作物中，甘蔗、马铃薯、棉花、生姜、洋葱、姜黄、辣椒、香菜、茴香、黄麻、木薯、香蕉、菠萝等农产品在此保险之列。该项目对于大范围的灾害，以区域保险的方式承保，对于区域化的灾害，诸如冰雹、滑坡、龙卷风和洪水等，以个体保险的方式承保。保险费率如下：非洲黍和油菜籽的保险费率为 3.5%，其他旱季作物的保险费率为 2.5%，小麦为 1.5%，其他雨季作物为 2%，经济/园艺作物的费率在精算的基础上确定。

### 4. 改进版国家农业保险项目与天气指数保险试点

为了突破发展的障碍，在市场化制度和政府支持下，通过借鉴国际经验和技术移植，印度农业保险产品创新蓬勃发展，这种创新有两个方向，一是针对原有的 NAIS 的不足，推出了改进版的 mNAIS；二是试点天气指数保险。

## 三、对国家农业保险项目的评估

### （一）NAIS 的经营情况

如图 13 所示，在 2008 年夏季（6—9 月）和 2008 年冬季（10—

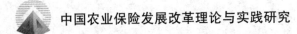

12月)期间,NAIS项目覆盖了大约1900万农民。2008年约有11000万户农户参保,因此,该年农业保险的参保比例约为17%。贷款农户被强制参与NAIS,而非贷款农民并不强制参加,购买保险的比例仅为6%。其中,三分之二的参保农户是小农户和边缘农户。

到2008年,参加NAIS项目农民的保费收入总额达到近80亿卢比(约1.78亿美元)。自2003年以来,保费总额一直呈稳步上升状态。粮食作物的保费收入约占NAIS总保费收入的75%,其中NAIS总保费额大约有一半是来源于小农户和边缘农户的投保。

到2008年,参保农民的平均保费略超过400卢比(9美元),其缴费变化的幅度是从非贷款农民的250卢比(5.5美元)到贷款农民的大约500卢比(11美元)之间。农民的人均参保面积略微有所降低,从2004年的1.56公顷下降到2008年的1.34公顷。

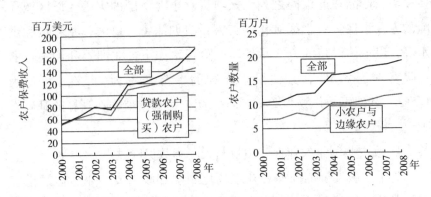

图13 印度NAIS保费收入与承保农户(2000—2008年)

农民对于种植业保险的需求主要集中在依靠雨养生长的作物区或自然灾害风险较大的地区,包括安得拉邦、古吉拉特邦、卡纳塔克邦、奥里萨邦、北方邦和拉贾斯坦邦(见图14)。从历史经验看,有些邦,如比哈尔邦、卡纳塔克邦和古吉拉特邦等,与其他邦相比,获得的赔偿多于它们在保费收入方面的贡献。

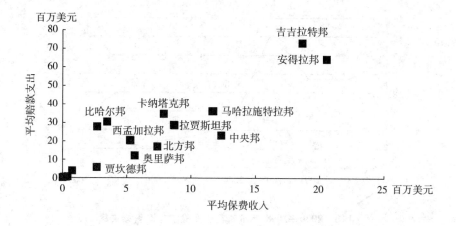

**图 14　印度 NAIS 各邦农户保费收入和赔款（2000—2008 年）**

根据 Mahul 和 Stutley（2010）的研究，可以以生产者损失率，即对农民的总赔偿额占农民的总保费的比率，作为衡量 NAIS 对参保农民价值的指标。自开始实施以来，该保险的生产者损失率一直高于 100%，也就是说，付给农民的总赔偿额超过了他们缴纳的保费收入（包括保费补贴）。这是对油菜籽和粮食作物保险费率实施最高限额的直接结果。在 2000—2008 年间，生产者损失率为 3.5，但是这个数据掩盖了未贷款农民和贷款农民之间的巨大差异：前者的生产者损失率为 6.4，而后者仅为 3.0（见图 15）。这是逆选择的结果：未借款农民只给他们风险更大的作物买了保险（James and Nair，2009）。同样值得注意的是，小农户和边缘农户的生产者损失率倾向于低于全体农民的值，这也许表明小农户和边缘农户不太擅长选择合适的承保人。

不同作物的生产者损失率也会有较大的差异，与经济作物相比，大多数粮食作物的平均生产者损失率会更高，并且花生、玉米、黑绿豆和高粱四种作物生产者损失率相对其他作物也更高。仅水稻和花生两种作物就占了农户总保费收入的 40%。

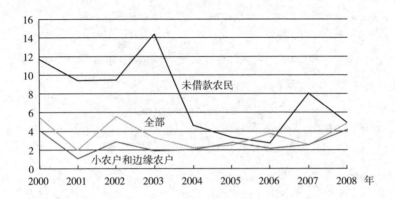

**图 15　2000—2008 年印度农业保险的生产者损失率**

（二）NAIS 的优势

与多重风险种植业保险（MPCI）和天气指数保险相比，NAIS 具有明显的优点。

首先，在印度这样一个拥有大量小农户和边缘农户的国家，基于个体的 MPCI 是如此昂贵，甚至在技术和管理上都不可行（Hazell，1992）。进一步讲，这种基于团体保险的方法还有一些其他优点，最重要的是减少道德风险和逆向选择。

其次，通常认为保险赔付和实际损失之间的不匹配（基差风险）在天气指数保险中表现得比在区域产量保险中更加明显（Carter et al.，2007）。部分原因是区域产量保险承保的风险比天气指数保险更多。另外，在印度，气象站基础设施有限，这使得 NAIS 的保险单位通常比 WBCIS 小，从而 NAIS 可以更好地承保本地化风险。

最后，通过使用银行系统来收集农民保险费和支付赔付金，NAIS 的交易成本很低。这种低现金和集中清算的特点，与"基于区域的方法"相结合，在支付赔款方面减少了渠道可能发生的漏损。

（三）NAIS 面临的挑战

尽管 NAIS 已经覆盖了 2500 万农民，但依然有 9500 万农民还没有参加保险。如果忽略因为要取得农业贷款而不得不购买 NAIS 的农民，他们占全国农民的 11%，只剩下 6% 的农民是自愿购买的。

考虑到对 NAIS 的巨大补贴，这是一个令人意外的结果：在 2000—2008 年期间，农民每支付 1 卢比保险费收入，NAIS 赔付了 3.5 卢比。NAIS 面临的挑战可以分为以下七类：

1. 公共融资

目前 NAIS 主要由事后的公共支出来筹资，即在作物季节结束时，总赔款超过保费收入的部分由邦政府和中央政府分别提供 50% 的资金。虽然世界范围内都通行为农业保险项目提供补贴，以支持农业的发展（Mahul and Stutley，2010），但 NAIS 的灾后资金筹集安排导致政府面临无限大的财政风险敞口和不确定的年度供款。反过来，由于缺少合理的精算费率方法，难以预测可能的支出，这反过来使得灾后资金筹集安排成为必需。

2. 延迟理赔

另一个关键问题是 NAIS 的理赔通常延迟 9 ~ 12 个月甚至更长。这一部分是由于作物测产（Crop Cutting Experiment，CCE）数据核对的时间，但也许更重要是由于中央政府和邦政府都在没有充足事前预算的基础上提供资金。农业保险延迟理赔不仅对已经处在歉收压力下的农民造成了资金周转困难，同时也意味着他们没有资格为接下来种植作物获得来自正式信贷银行的新一轮的银行贷款。这将使他们的家庭处在持续的财务压力和债务陷阱中。尽管近年来参加农业保险的人数显著增加，农业保险延迟理赔一直是农业保险参保率相对较低的重要原因。在最近对安得拉邦农民的一项调查中，超过一半的农民称农业保险延迟理赔是 NAIS 面临的一个关键性问题，这与联合组（Joint Group，2004）此前的研究结果一致。

3. 风险分类

NAIS 关于产品设计和定价的规则意味着，该项目对于给定农作物的价值，在同一个邦的不同保险单位之间差别很大，并且每年变化很大，即使针对每种农作物，农户的保险费率都是不一样的。

从统计的角度看，三年或五年的平均产量不是有效估计真实平均产量的指标；由于过去五年中可能有不寻常的丰年和歉年，三年或五年的平均产量并不能代表真实的长期平均产量。此外，各邦保险费率和赔偿水平的确定依赖于该邦不同保险单位产量的概率分布，并根据平均产量按比例变化。这或许不现实，例如，丘陵地区的产量风险比平原地区要高得多。

不良的风险分类有三个负面影响：第一，NAIS 的保险业务面临着显著的逆向选择。高风险保险单位的农户自愿购买保险，三年或五年的移动平均产量高于真实平均产量，NAIS 产品变得特别有价值。很多证据表明 NAIS 存在上述逆选择现象（James and Nair，2009）。第二，不良的风险分类导致对农户的公共补贴的分配不公。NAIS 对每公顷土地的公共补贴，甚至对同一邦的同一种作物，精算价值上都差异巨大。此外，这些差异都是任意的，由于三年或五年移动平均产量的剧烈波动所造成。第三，不良的风险分类可能导致出现不良的农业政策信号。当费率不能反映固有的精算成本，农户们会受到激励，作出经济上缺乏效率的决策，即种植缴纳更低保费的农作物，即使这些农作物有着更高的风险和更低的预期产量。

4. 数据质量

由于负责作物测产的机构在责任、专业和能力方面的差距，各邦之间 CCE 的质量可能会相差很大。CCE 上缺乏准确性，增加了非抽样误差，从而提升了农户面临的基差风险。CCE 也面临着操作风险，报告产量可能故意低于真实产量，引发农户更高的索赔。虽然从短期来看，产量数据篡改或许会使得某些农户受益，但从中期来看，它将导致高保费和退保的局面。

5. 私营部门的参与

按其目前的形式，NAIS 更接近于一个补偿方案而不是一个保险项目，私营部门没有参与。

6. 基差风险

在 NAIS 中，农户的农作物有可能发生重大损失但得不到赔付，这是因为：即使这一农户产量很低，这一保险单位的平均产量并未低到需要赔付的触发点。大额的财政补贴意味着基差风险不可能限制富人购买保险，他们能够支付预付保费和等待延迟赔付。但是，即使存在大额补贴，基差风险很可能会严重限制大多数厌恶风险而自愿购买保险的农户。因为购买保险恶化了可能发生的最糟糕的情况：没有指数化保险，可能发生的最坏情况是农户失去了全部农作物；但如果有指数化保险，农户不仅失去全部作物、已经支付的保险费，而且由于基差风险的存在还得不到赔付（Clarke，2011）。

7. 逆选择

以上提到，不良的风险分类使得高风险保险单位的农户乐意购买保险。此外，已知会出现干旱，仍然允许农户在可预测的干旱前自愿购买保险，农户可能会购买 NAIS，为作物的生长期提供保障。

## 四、对改进的国家农业保险项目试点的评估

（一）mNAIS 的创新

2010 年 9 月，印度政府通过了改进的国家农业保险项目（mNAIS），从政府临时拨款的社会种植业保险项目变为以市场为基础的、具有精算公平费率和产品设计的农业保险项目。鉴于从 NAIS 向 mNAIS 过渡过程中的技术和操作方面的挑战，印度开始三个季度的试点，2010—2011 年冬季在 12 个邦的 34 个县开始试点，随后试点增加到 50 个县（覆盖印度十分之一的区域）。2010—2011 年冬季约 34 万农民参与了该项目，缴纳保费约 1000 万美元，而随着时间的推移，它可以扩张到覆盖印度 1.1 亿农户。

相对于 NAIS，mNAIS 包含一系列创新，最引人注目的创新是引

入精算机制：农民保险费和政府补贴都是在作物季节开始时支付给保险人。保险人可以是公共保险机构 AICI，也可以是参与竞争的私人机构，这取决于各邦的自主选择。届时，保险人将受理所有理赔。2010—2011 年冬季，大部分邦通过 AICI 实施 mNAIS，两个邦则选择了私营保险机构，同时约五个国际再保险公司以超额损失再保险和比例再保险的方式向保险供应商提供了大量的再保险。日益激烈的竞争和私营机构在农业保险中越来越重要的角色推动了农业保险领域有效的公司合作伙伴关系。

精算制度引入使得基于风险的定价成为可能，即确定每种产品的商业费率，这相当于提供保障的全部成本，由参保农民和政府在农作物季节开始时缴纳给保险人（Clarke et al.，2011a）。由农民缴纳的保险费率随着商业保险费率的提高而上升，相比 NAIS 的单一费率，它能改善农业的信号机制。mNAIS 的产品设计公式也与 NAIS 不同，它试图降低每种农作物的商业保险费率的局部差异。而 NAIS 之前采用的产量准则，使得收益价值变化较大，进而导致商业保险费率的差异变大。风险分类的改善也试图通过更平均地分配政府补贴来降低逆向选择和提高公平性。

### （二）存在的挑战及建议

迈向 mNAIS 的举措是非常积极的一步，但也带来了新的挑战。

### 1. 提高产量估计的稳健性

mNAIS 实施后，保险单位（村）变小给农民带来了低基差风险的前景，进而提供了更好的福利，但它对邦政府实施作物测产带来挑战和成本压力。这些都需要在中期予以解决。对主要农作物实施较小范围的保险单位使得 CCE 的数量显著增加，如每个村对每种作物至少需要做 8 次 CCE。mNAIS 目前仅在 50 个县进行试点，在 mNAIS 大范围推广前，涉及到的费用、CCE 潜在的外包服务、包含应用技术的质量控制和抽样框架的问题都需要加以解决。

为了应对 CCE 显著增加的挑战，需应用新技术并尝试将估产过程部分外包，以提高 CCE 的效率和减少 CCE 的数量。新技术可应用在官方的 CCE 执行中，例如，要求所有的 CCE 都记录在廉价的手机视频中。保险公司和各邦政府可以抽查 CCE 的视频，以确认遵循正确的程序，并强调将来对员工培训的领域。CCE 数据可以在完成的当天发送到保险公司，方便当地员工实时监控，并与其他数据源如遥感图像进行比较。遥感图像也可以用于减少必要的 CCE 的数量：作物产量潜在损失较大的区域将需要较多的 CCE，预期保险支出金额巨大；相反，其他区域只需要较少的 CCE。CCE 可以考虑部分外包，并辅之以强大的审计机制。例如，可以考虑将 CCE 部分外包给私营服务供应商、银行的通讯员和非政府组织。

无论 CCE 的目标和行为是否改善，减少基差风险和增加 CCE 实施数量之间需要一个权衡。因为实施 CCE 的成本不被计入保费，评估各邦各种作物的这种权衡就变得更有挑战性。只有该情况改变，这种权衡才可能更清晰，才能更好地作出决策。

事前保费补贴制度增加了 mNAIS 业务面临当地政府雇员关于 CCE 报告欺诈的风险。在 NAIS 中，各邦支付所有的理赔金，因此有动机监测 CCE。然而，在 mNAIS 中，各邦采用预付保费补贴的方式对赔付承担责任，压低作物产量使得保险公司支付给当地农民大额赔偿，而各邦短期却并不承担由此发生的成本。任何道德风险都将提高再保险的价格，从而导致农民、邦政府和中央政府需要支付更高的保险费。系统地压低作物产量无论实际发生在哪个邦，都会损害 mNAIS 在所有区域的长远发展前景。

另一种方法值得关注，即在监测 CCE 质量方面，政府比保险公司处于更加有利的位置。保险公司还可以运用免于被操纵的 CCE 的统计样本来对全邦范围内的 CCE 进行独立的检验。例如，保险公司可以进行或一起观察全邦 CCE 的一个样本，并使用这个数据来估算该邦要支付给农民的免于操纵的总赔款金。如果基于全套 CCE 所产生的全邦赔付率高于基于免于操纵的抽样估计的赔付率，那么保险公司有理由相信全邦的 CCE 存在系统的操纵。随机审核 CCE 的情况，如抽查其中的 5%，会比审核所有 CCE 便宜得多。然而要使随机审核有效，在发现操纵 CCE 时的惩罚必须足够大，才能防止操纵。要想使 mNAIS 未来远离潜在的危险，邦政府必须充分监督其雇员。保险公司也可以结合独立数据，如遥感或气象站的数据，以验证 CCE 的有效性。

2. 学习如何提高保险的覆盖面

目前，大多数农户是强制参加农业保险的，但还有 9500 万的农户没有参保。由于有保费补贴，产品设计有了改善以及理赔更快捷，mNAIS 产品应对大多数农户有吸引力：参加 mNAIS 的农民只需要支付商业保险费率的三分之一，每 1 卢比保费可获得约 2 卢比的赔付（虽然 NAIS 在总量上也是如此，但是预期赔付并不是均匀分布于各保险单位之间，所以 NAIS 对一些农民来说价值较低）。然而，好的保险产品设计不能保证大家的自愿购买；保险从不是人们主动去买的，而是推销出去的。如果 mNAIS 要对最贫穷、最脆弱的农民提供保护，那么保险公司必须积极向这些农民推销保险产品。

因为 NAIS 中，农民最高需要缴纳 3.5% 的保险费，而在 mNAIS 下，缴纳保险费的比例可能上升到了 6%，因而，虽然 mNAIS 是更有价值的保险产品，推销该产品时沟通尤为重要。因此，阐明 NAIS 和 mNAIS 之间的变化对鼓励现有保单持有人续保以及增加自愿参保都是十分重要的。对安得拉邦农民的调查显示，只有 5% 的农民表示愿意支付 2% 以上的保险费（Raju and Chand，2008）。

3. mNAIS 产品微调整

尽管 NAIS、WBCIS 和 mNAIS 均已成规模并具有重要地位，但对农民要面临的基差风险的实证分析却是有限的。保险公司和政府部门应该与农艺学家、统计学家和经济学家共同估测基差风险的程度，并研究出减少风险的方法，既可以通过改进产品设计，也可以使用局部风险共担来化解特殊基差风险。

4. 机构能力建设，支持农业保险市场发展

农业保险是一个高度专业化的业务领域，需要加强机构能力的建设。公共保险公司 AICI 和私营保险公司已经增加了它们的技术和运营能力，以使它们能够提供 mNAIS 产品，但需要进一步的发展。既然各邦已决定每个县 mNAIS 的保险提供商可以下发关于可适用的采购规则的指导原则，以明晰邦政府决策的规则或基础。因为不同种类的保险公司有不同的优势，不同的结构可以潜在地提升效率，印度政府可以考虑农业风险市场的基础设施，并评估各种模式的优缺点。例如，墨西哥的模式是由公共农业保险再保险公司（Agroasemex）对参与农业保险的国内保险公司提供技术支持并评估再保险承保。在西班牙，一家牵头的保险公司建立了农业保险共保体（Agroseguro）。

5. 监测和评价

印度政府目前正在试行 NAIS 的两种改良方案分别是 WBCIS 和 mNAIS。可以利用 mNAIS 的试点阶段来探索关键政策问题，比如，如何最好地设计和推广 mNAIS 产品。例如，可用实验的方法更好地了解增加自愿保险购买的最有效的方式，尤其是鼓励小农户和边缘农户参保。这样的实验将相对便宜，在 mNAIS 试点阶段结束时，其结果可能会对政策制定产生显著的影响。

中国金融四十人论坛
CHINA FINANCE 40 FORUM

第七章

国外农业保险制度经验总结

经过半个多世纪的探索实践，美国、日本等国家的农业保险体系都已较为成熟，农业保险的发展稳定了农民的收入、提高了农民进行农业生产的积极性，最终促进了各国农业的发展。前面考察了国际农业保险市场发展情况以及典型国家农业保险制度变迁，这对于中国农业保险制度的完善具有重要的借鉴意义。

总体而言，各国农业保险对我国农业保险发展的经验启示主要有以下几个方面。

## 一、农业保险与国家现代农业发展应良性互动

农业保险有助于管理食物价值链风险、稳定农业收入并促进农业投资，从而促进现代农业发展。国际经验表明，发达国家农业保险制度演进和完善是不断适应现代农业发展的过程。农业保险也是新兴市场的农民从自给自足的小农经济向可持续农业生产飞跃的途径之一。

我国应当完善农业保险制度，推动现代农业发展。当前及未来一个阶段，我国正处于转变发展方式、推进现代化建设的重要时期，农业现代化是其中的重要组成部分。一方面，现代农业发展对农业保险发展提出了新的更高的要求。首先，随着农业现代化的推进，人工、设备等将带动农业生产成本逐步提高，要求农业保险的保障水平随之调整，以及时恢复再生产；其次，一批具有地方特色的优势产业将逐渐形成，要求农业保险产品不断创新；再次，农业生产方式将日益走向集约化、规模化，要求针对大户和散户制定适合其生产方式的农业保险产品和条款；最后，对于金融支持的需求不断提升，要求农业保险与农村金融更好地协同发展等。只有全面地适应现代农业发展需求，不断开拓创新，才能更好地发挥农业保险对现代农业发展的支柱作用，在促进农业发展方式转变的过程中有所作为。另一方面，发展现代农业也为探索农业保险新的经营模式提

供了条件和契机。我国农业保险的发展面临着农业基础设施薄弱、生产力水平和农民收入较低的困难，面临着高费率与低收入、高成本与农民组织化程度低等矛盾。建设现代农业的过程，就是改造传统农业、不断发展农村生产力的过程，是转变农业增长方式、促进农业发展的过程。在这些过程中，健全发展现代农业的产业体系，扶持农业产业化龙头企业发展，培育现代农业经营主体等重点工作，为政策性农业保险创新经营模式创造了发展条件。

因此，应借鉴国际经验，在现代农业发展背景下完善农业保险政策，促进现代农业发展和农业保险之间相互促进的双向互动关系，这对于农业保险创新经营模式，适应和促进现代农业发展都具有重要的理论价值和积极的现实意义。

### 二、政策性保险与市场化运作相互兼容

从公共经济学的基本理论来看，即便是对于纯而又纯的公共产品，其提供和生产也是两个不同的概念，提供者和生产者可以是同一个单位或机构，也可以不是。提供指的是谁为产品付款，以供人们消费。生产是指由谁来从事产品的具体生产。可见，提供不等于生产，提供是谁付费的问题，生产则是谁建造或制造的问题。生产者必须是能够作出决策的独立主体，这样的主体只有三个：政府、企业和个人。企业和个人的性质是一样的，所以统称为私人，这样对于公共产品的生产而言，实际上只有两个主体：政府和私人。那么某种公共产品到底由谁来生产，取决于谁在生产这种公共产品时更有效率。比如，国防毫无争议的是公共产品，但政府可以出资建立军工厂直接生产所需要的武器装备（此时提供者和生产者合二为一），也可以从私人军工厂采购（此时提供者和生产者的角色是分离的）。

依据上述对公共产品提供与生产的理论界定，政府对于农业保

险应该承担"提供者"的责任，即要在需求方融资中承担相应的责任，而不一定自己直接生产。我们强调政府在农业保险发展中的作用，但并不意味着政府既提供也生产农业保险。

因此，政策性保险绝不意味着成立专门的国有政策性农业保险公司进行专属性的垄断经营。相反，政策性保险同样可以市场化经营，政策属性与商业化运作可以并行不悖。首先，这符合个人权利或个人自主权原则，即要推进的改革必须增加个人在经济事务中的决策范围，减少政府的决策范围。强调政府在农业保险制度中的责任，但这并不意味着赋予政府、政治程序和官僚体制非常广泛的资源控制权，要尽量将人们的选择放在首位。其次，这也符合要坚持竞争性的原则，即不应该存在国家所有和控制的垄断，允许在不同的所有制形式和协调机制之间存在竞争。实行竞争性原则的理由源于个人权利原则，因为必须有竞争以便公民选择。如果他们不喜欢由国有机构提供服务，也能够从非政府部门获得。应该有一个公民能够从中选择的不同所有制和多种协调机制的"菜单"。按照竞争性原则，经营农业保险的机构自然应该向所有的商业性保险机构开放，向一切对农业保险有兴趣的互助合作组织开放，向一切将来还有可能出现的新的组织形态开放。最后，历史性的比较制度分析告诉我们，实行分散化、竞争性的制度安排也有利于提高效率。以私有和竞争为基础的分散化占支配地位的制度，比集中化和项目经济的制度更有效率。

通过商业化运作，充分利用保险市场已有的资源，将"提供"和"生产"分离，引入竞争机制，这也是国际农业保险发展的大势所趋。国际保险市场发展的经验告诉我们，农业保险拥有很多种制度模式，其中最少见的恰恰是公共部门模式，即由一家国营或者半国营的保险公司，通常在公共部门的再保险支持下，全权负责农业保险的经营，只有少数几个国家采用这种模式。比较常见的是完全私营模式与公私合作模式。完全私营模式，即农业保险完全由商业保险公司提供，并且由私营再保险提供支持。在公私合作模式（PPP模式）下，私营保险公司在政府的帮助下提供农业保险，这种帮助通常是保费补贴与再保险。在另一种公私合作模式中，私营保险公司可以通过市场竞争获取业务，但是为了有资格获得公共部门提供的保费补贴，必须遵循严格的保单设计和费率标准。可见，在大多数国家，商业保险业都以各种形式参与了农业保险项目。经验证明，公私合作可提高风险意识并加强政府支农惠农举措。公私合作系指政府、农民和（再）保险业在农业风险管理方面进行合作。政府提供必要的法律框架和补贴，农民通过缴纳保费为其部分风险进行融资，而（再）保险公司承担农业生产风险并从事相关产品开发。同时，政府也应该致力于改善农村地区金融基础设施和天气、农业数据的收集工作。

另外，美国农业保险从政府单独经营农业保险阶段（1938—1980年）发展到政府与私营保险公司共同经营农业保险阶段（1980—1996年），并进一步发展到政府监管下私营保险公司经营农业保险阶段（1996年至今），实现公私合作，也反映了其利用市场机制追求效率的诉求。印度农业保险发展的经验也表明，引入私营保险公司的竞争后，极大地提升了其农业保险发展的绩效。

综上所述，理论分析与国际农业保险发展的实践都表明，政策性保险不等于专门的政策性农业保险公司经营，政策性保险与市场化运作相互兼容。因此，我国必须坚持政府引导、市场运作的原则，坚持公私合作，充分发挥市场机制在农业保险市场资源配置中的决定性作用。

## 三、农业保险制度要因地制宜

国际农业保险市场发展的经验以及典型国家农业保险发展历程

表明，农业保险项目因国家而异，应根据本国国情进行设计和创新，主要受到社会经济发展、农作方式、基础设施和政府政策的影响。

比如，美国农场的规模相对较大，商品化程度高，因此，其主要产品形态为基于个别农场的多重风险种植业保险。另外，农场规模大小也影响到其对农业保险的参与率以及对其他风险管理工具的选择。比如，研究显示，在美国的大规模的农户中，至少52%的农户购买农业保险，至少55%的农户使用远期合同，至少32%的农户使用套期保值。在小规模的农户中，不到16%的农户购买种植业保险，不到29%的农户使用远期合同，不到22%的农户使用套期保值（U. S. General Accounting Office，1999）。

相反，在印度，由于小农户和边缘农户占比高，人均耕地面积很有限，基于个别农场的多种风险保险的交易成本非常高昂。因此，印度主要采用团体产量保险项目，以降低交易成本。同时，印度还在积极探索天气指数保险项目，创新产品形态，以适应其特殊的农作方式。

日本互助形态的共济组合通过保险与再保险，构成了三层次的保障网络。这与日本发达的农业社会服务体系网络的支撑作用密切相关。农协是日本农民自主、自助、自治的组织，以提高农业生产力和农民社会经济地位，实现国民经济发展为目的，是法制化农民合作组织，并逐渐成为日本农业社会化服务体系主体。农协通过其遍及全国各个角落的机构和广泛的服务，同农户建立起各种形式的联系，在指导农林渔业生产、农产品销售与加工、农用生产资料供应以及农民生活等方面发挥着巨大作用。其服务内容主要包括农用生产资料供应服务、农产品加工、储存、运输和销售服务、农用机械和设施服务、信贷服务。日本农业社会化服务体系具有以下特点：一是地域性农户全员加入。日本农村除极少数例外，地域内农户基本都属于农协系列，是单位农协成员，且很少存在非本地农户加入的情况。这一特点促成农协在日本民选格局下具有强大的政治力量。二是具有半官半民性质的政治经济组织体。农协在为日本农民提供综合服务的同时，又接受政府监督和协助政府实现政策目标。在日本政府积极扶持下，农协的政治影响力巨大，经济辐射力遍及农村各个角落。三是服务组织形式单一，服务范围广泛，具有高度综合性。与欧盟、美国不同的是，日本农业社会化服务体系有统一组织，农协在组织结构上从中央到地方有一个完整的组织体系。由于组织形式单一，为满足农业生产的各种需要，农协经营业务几乎无所不包，具有高度综合性，这种体制有利于以小规模稻作生产为主体的日本农户。正是由于具备上述国情，日本的农业保险才可能实行以合作组织为基本组织形式的制度模式。

综上所述，事实上，不存在适用于全球的单一农业保险解决方案，每个市场都需要提供定制产品/项目来满足农民/生产者以及农业粮食价值链上其他利益相关方的需求。对于中国而言，农户的经营规模很小，同时农村合作组织不健全，尚不能满足现代农业发展需求，在服务功能、目标、组织结构、运行主体上仍有待进一步完善。在这种背景下，要充分考虑利用团体农业保险项目以及天气指数保险等创新方案，探索适合中国的农业保险项目。国际经验表明，通过为综合性机构提供保险组合或团体保障（通常为指数型产品），可以使农业保险项目更有效率，更具成本效益优势。综合性机构包括金融机构（如银行、小额金融信贷机构）、农民协会、农业投入品供应商、非政府组织等。团体农业保险项目的主要优势是管理费用较低。相对于基于个人的农业保险产品来说，团体农险项目的优点还包括基准风险较低（如天气指数保险产品）、逆选择风险较低，以及条款更为简单、易于向农民解释等。

### 四、政府的大力支持和深度参与

由于农业保险风险大、赔付率高，一般情况下，私营保险公司难以单独承担农业保险的巨大风险，所以虽然各国的国情不同，但各国政府都通过制定业务规则、开展保费和业务费用补贴等财税政策支持、提供比例再保险和超额损失再保险保障、进行专项立法等方式，深度参与农业保险及巨灾风险体系建设，并在巨灾风险体系中充当着最后再保人的角色。这是农业保险取得成功的前提条件。

（一）完备的法律制度体系保障

农业保险作为一种农业发展和保护制度，它对相关法律的依赖程度是相当高的。因此，各国农业保险的发展是以法律法规的完善为基础的。在开展农业保险时，各国均先制定农业保险法及其实施细则，规定农业保险的目的、性质、经办机构和开展办法等内容，并根据时势的变迁对该法进行了多次修订与完善，为政府全面实施农业保险业务和巨灾风险分散机制提供了法律依据和保障。无论是美国的《联邦农作物保险法》，还是日本的《农业灾害补偿法》等，都为农业保险的稳定健康发展提供了坚强的后盾。

（二）专业的协调管理机构

农业保险体系是一项系统工程，涉及多个领域、多个部门，美国、日本和印度政府都特别重视加强对这项工作的领导，成立了专门机构（如美国农作物保险公司等）对国家农业保险计划进行专业管理与运作，统筹规划与协调管理，确保农业保险保费补贴到位、产品设计科学合理、再保险和农业巨灾风险分散机制得以有效运行。虽然政府成立专业的协调管理机构，但并未干涉农业保险的直接操作，而主要是为农业保险经营机构提供财政补贴、技术支持和业务指导。

（三）强有力的再保险保障

再保险机制可以使农业风险在时间和空间上得到有效分散，是保险公司直接分散巨灾风险、稳定经营的重要手段。所以美国、日本、印度等国家都是通过政府相关的职能部门为农业保险经办机构提供充分的再保险支持。同时考虑到保险公司各自积累的巨灾准备金比较分散，大多发达国家都以再保险的方式建立集中统一的农业巨灾保险基金，实现巨灾基金在全国范围内的统一协调利用，在此基础上还可以在国际再保险市场上安排再保险保障或者采取巨灾风险证券化等创新方式，以实现巨灾风险更大范围内的分散。

（四）农业保险计划与其他收入保障计划相结合

为增加农业保险的投保率，提高农户的投保意识，很多国家都将农业保险计划和政府其他灾难援助计划、农业贷款计划、收入保障计划等社会福利计划相结合，一方面形成了对农村金融、技术、保险的系列服务，另一方面又保证了农业保险的稳定发展，更好地发挥多方在综合农业风险管理中的互补作用，提高财政资金的利用效率。

## 五、良好的发展基础和先进的技术支持

农业保险专业性强，其风险评价和费率精算的科学性可有效防范逆选择风险，其产品设计和理赔定损等关键环节的准确性直接决定了保险公司经营的效益，否则，农业保险在实施过程中很容易出现逆选择和道德风险问题，从而阻碍农业保险的发展。因此美国等发达国家的农业保险非常重视农户产量等农业保险基础数据信息的统计和积累、多样化的产品开发、对灾害损失原因的分析以及农业保险精算方法的研究和改进等基础工作。

## 六、不断完善的农业保险政策和机制

各国的农业保险经营不是一成不变的，从相关立法到保险经营技术和其他农业保险政策，都是随着实际经营情况和市场需求而不

断改进的，以更好地解决参与率和逆选择等问题。同时，有关农业保险的各项政策均须充分论证、听证方可实施，各有关利益人的意志得到充分的表达，从而确保决策的公开、公平。

# 第八章

# 中国农业保险制度路径演变及启示

中国农业保险经历了长达将近 80 年的试验和发展历史。对这段历史的追寻和挖掘，有助于我们对农业保险本质的认识，以及对农业保险制度演进规律的探讨。

## 一、20 世纪 30 年代至 40 年代的试验

在中华人民共和国成立以前，中国长期处于半封建、半殖民地社会状态，经济十分落后，保险事业很不发达。这期间，农业保险曾经在小范围地域尝试了合作组织的形式、股份有限公司的形式，商业保险机构也曾试办过农业保险。但是由于农业保险的高风险性，以及当时的农民既缺乏对保险的认识也没有足够支付能力，政府更没有政策保护，致使这些尝试大多是昙花一现，稍纵即逝。

20 世纪 30 年代初，上海银行与金陵大学农学院、农业试验所在安徽和县乌江镇农业试验区，配合农业贷款推行耕牛互助合作保险，其目的是保障农业试验区发放农业贷款的安全。保险的组织形式是由农民组成耕牛保险协会，以互助合作的方式自保。1934—1935 年只有 5 个村成立了协会，入会 61 户，入保的耕牛 63 头，保额 3267 元（法币）。入保时先缴一次保费，当牛的死亡率超过 2% 时则要再缴保费。由于农民负担保费过高，入保的牛少，耕牛保险协会没有充足的基金，缺乏赔偿能力，不久就停办了。

这个时期，国民政府实业部（经济部）曾成立农本局，该局倡导和建立以办理农村牛、猪保险为主的保险合作社。没有搞合作社的地区，也通过各县农本局成立家畜保险经理处和区乡的家畜保险社具体办理。1938 年，广西、江西两省份成立了家畜保险社或耕牛保险合作社，四川、贵州、云南等省也陆续成立了这类保险合作社，试办耕牛保险和猪仔保险。具体做法是：农户在缴纳少量的基金后即成为其社员，所保耕牛、猪仔由乡评估委员会评定保险金额，保险费率包括免费防疫医疗在内一般为每年 5%；合作社还以其承保保

险金额的 80% 向县社或县保险经理处进行再保险；如遇牲畜死亡，即按承保评定价值的 90% 赔付，如当年收不抵支时，则由县社（经理处）予以垫借，于下年归还。当时的中国农民银行在有些省还开办了耕牛保险转抵押贷款，额度为保额的 80%。据江西临川鹏江实验区和南城上唐圩耕牛社的统计，1941 年保有耕牛 5000 多头。由于社会动乱和经济力量薄弱，到 1943 年末，这些合作社保险组织相继解散。

1944 年 3 月，国民政府在重庆成立了中国农业特种保险股份有限公司（1947 年更名为中国农业保险股份有限公司）。该公司由中国农民银行创办，由中国农民银行信托部代理中央信托局保险业务后改组成立，当时的农林部、粮食部也有股份参加。其组织机构、人员和业务上均与当地农民银行挂钩，业务来源除农民银行系统的贷款、押汇物资保险外，还有农本局的花纱布、中粮公司的粮食、中茶公司的茶叶等物资库存和运输业务。按专业分工，该公司本应以开办农村保险为主，但由于内地农村经济凋敝等原因，只小面积地试办了一些牲畜保险，以装点门面，最多时才保有耕牛 2000 余头、生猪 3000 余头。

这期间，事实上地方商业保险机构也曾尝试办理农业保险。地方保险机构，主要是指以地方政府和财政金融部门投资为主开办的保险公司。1945 年，重庆泰安保险公司（民族资本企业）在四川内江、自流井（现自贡市）、富顺试办役牛商业保险，主要承保对象是盐厂的役牛和糖厂轧甘蔗的役牛，并在富顺承保一部分耕牛，保险金额按牛市价八成承保，承保了有 2000 余头。后由于抗日战争胜利后该公司业务经营重心东移，经营此项业务有些亏损；加上农业部命令办理农险须向该部申请核准才可续办，继任经理认为既麻烦又赔钱，所以到期后不再续办。

这段历史情况表明，在那个战乱和经济凋敝的年代，国民政府对农业保险的重视是有限的；官僚资本和外国保险公司不会对农业保险感兴趣，而民族资本的商业保险公司也不愿冒亏本的风险去探索农业保险；农民的互助合作保险既缺乏技术上管理上的指导，也缺少稳定的保费来源，加上农民经济收入很低，保险意识淡薄，使当时的农业保险试办活动如同昙花一现。

从整个国家的农业来说，这种农业保险的试验还只是一些保险界和政府经济部门的有识之士，从保险的视角想帮助农民解决一部分灾害损失救助问题，他们寻找突破的重点是对农民和小手工业最重要的"动力设备"——耕牛和役牛的保险。用心是良好的，但是这种试验的影响很小，时间也很短，还没有上升到国家政策的层面。

## 二、20 世纪 50 年代的试验

1950 年，刚刚建立起来的统一的中华人民共和国需要尽快恢复和发展千疮百孔的经济，发展农业生产。作为农业风险保障工具的农业保险，又一次被提起和使用。为了"保障农业生产安全，促进农业生产发展"，成立仅几个月的中国人民保险公司就在山东、北京、新疆和四川等省、自治区直辖市试办了牲畜保险，后来又在山东、江苏、陕西等省试办了种植业保险。1952 年整个承保牲畜 1400 万头，1950 年至 1952 年共收集农业保险费 4800 亿元旧人民币（旧人民币 1 万元为后来的新人民币 1 元，4800 亿元旧人民币应折合新人民币 4800 万元），赔款 1800 多亿元旧人民币，对农业生产的恢复与发展起到了积极的作用。

1953 年，鉴于推行农业保险过程中的违反自愿原则、实行强迫命令等问题，中国人民保险公司对农业保险进行了收缩与整顿。1954 年，在整顿中继续探索办理了牲畜自愿保险。1955 年，又按照"积极准备、稳步发展"的精神，恢复办理了其他农业保险种类。1956 年前后，全国出现了农业合作化高潮，对农业保险的需求增加。

于是，1956 年，中国人民保险公司提出了农业保险的法定保险方案，但是由于各方面的条件均不具备，该方案被否定。

1958 年，随着"政社合一"的人民公社的建立，农业生产系统和农村稳定系统合一。中央政府认为城市实现了私营企业的公有制改造，农村有了"一大二公"的人民公社，风险保障都可以依靠"公家"来实现，商业保险已经完成了它的历史使命，决定取消商业保险，农业保险业务也随之停办了。

20 世纪 50 年代的农业保险试验时间只有短短 8 年，当时主要是学习苏联国家农业保险的模式，由政府提倡和号召，依靠国有保险公司经营。尽管它很不成熟、不够完善和规范，但是当时运用保险来分散农业风险解决农业灾害救济不足的方向无疑是正确的，也有一定的成效，这种实践是宝贵的。在中华人民共和国诞生初期，政府开始意识到农业保险在农业政策中的意义，有意将其作为一个支持农业稳定发展的政策工具，应该说这段试验对当时的农民和农业发展产生了一定的积极作用。

不过这段历史也不长，据史料记载，它是与当时那段被历史证明不大成功的"合作化运动"联系在一起的，不少地方发生过利用行政权力强制农民投保的问题，中央还专门发文件加以制止，并对农业保险之需加以整顿。特别是随着全国性"公有化运动"升级，保险几乎完全被取消，农业保险同其他保险业务一道被社会和政府遗忘了二十多年。加之政府包揽经济补偿的思维定式在长时间里成为主导执政理念，政府不需要保险，农民自然也不需要保险。

### 三、1982 年至 2006 年的试验

20 世纪 70 年代末以后，中国实行了改革开放的政策。改革最先从农村开始。农业生产的家庭经营制度极大地调动了农民的生产积极性。但是与此同时，摆脱了项目经济束缚的我国农民也必须独立

地面对农业生产中的自然风险和市场风险。为了农业生产的稳定，国务院决定恢复办理农业保险。在中断了23年以后，恢复国内保险业务仅仅两年的中国人民保险公司，于1982年恢复了农业保险业务的试办。逐步试办了包括粮、棉、油、菜、烟、牛、马、猪、鱼、虾、禽以及其他经济动物在内的100多个险种，区域涉及除西藏自治区以外的各省、自治区、直辖市，农业保险保费收入由1982年的23万元增加到1990年的1.9亿元。

1986年，在财政部支持下，新疆生产建设兵团成立了兵团农牧业保险公司，在兵团范围内开展了农业保险。为了体现对农业的支持，政府对保险公司的农业保险业务给予了免征营业税的扶持。

改革开放之后，中央和各级政府逐步对经济和社会中的风险有所感知，对保险在提供经济和社会风险的保障作用有了一定的认识。1987年中共中央在《把农村改革引向深入》（中发〔1987〕5号文件）中发出"发展农村社会保障事业，有条件的可试办合作保险"的指示，1991年，中共中央十三届八中全会的决定中进一步明确提出"积极发展农村保险事业，扩大险种范围，鼓励农民和集体投保。在各级政府的支持下，建立多层次、相互联系的农村专项保险基金，逐步建立农村灾害补偿制度"。中国人民保险公司作为国有保险公司迅速作出反应和贯彻。逐步通过其各省分公司开始试办农业保险。但是他们很快发现大部分试验都不成功，虽然得到地方政府的积极支持，但即使很低的费率（普遍不足1%）农民也不愿意支付，试验地区多处于亏损状态。虽然是国有公司，对农业保险的亏损在"支援农业"的政策精神下，都采取容忍的态度，亏损都通过公司内部来消化。但是连续的亏损也是公司难以接受，于是公司力图通过制度创新改变这种经营状态。

农业保险遂从人保独家试办，变为各级地方政府支持、有关职能部门协作试办，农业保险进入了多种经营模式探索阶段。全国当时探索的模式归纳起来主要有八种，前六种是中国人民保险公司所进行的，后两种是在缺乏保险覆盖的地区和领域由中国人民保险公司以外的部门在中国人民保险公司试验一个阶段之后，在 20 世纪 90 年代出现的。

（1）地方政府主办，中国人民保险公司为地方政府代办农业保险的模式（如云南）；

（2）保险公司和地方政府（财政）实行联合共保（如湖南）的模式；

（3）建立农村统筹保险互助会，在独立核算的基础上，向中国人民保险公司分保（如河南）的模式；

（4）在地方政府的支持下，中国人民保险公司内部的农业保险部门与地方政府农业行政部门合作建立农业保险的准专业经营机构（农业保险促进委员会），并与农业技术部门实行共保（如上海）；

（5）采用"一司两制"的做法，在地方政府的支持下，在中国人民保险公司内部将农业保险单独立账、单独核算，建立三级风险基金（如新疆）；

（6）实行系统内自保（如新疆生产建设兵团农牧业保险公司）；

（7）带有相互保险组织性质的试验（如黑龙江农垦系统自 1992 年以来所进行的风险互助式的农业保险试验）；

（8）在农业行政部门支持下成立"渔船船东互助保险协会"，从事专业性渔船和渔民人身保险业务经营的模式。

对中国农业保险的运作方式进行了有益的探索。但是，由于缺少适用的法律、法规的规范和政府的资金支持等多种原因，前五种模式的试验维持的时间都不长。后三种经营模式在特殊的环境下得以保留和发展。例如，曾经被业内看好的河南"农业统筹互助"保险模式，从设计、争取政策到推广乃至消亡，前后不过五六年时间，试验规模较大的时候全省有 70 多个县成立了"农业统筹保险互助会"。

　　在这个试验阶段，农业保险的业务一直起起伏伏，反映出商业保险公司的在商业保险框架里试验失败和寻求突破的不屈不挠的探索精神（见表17）。

**表17　　中国人民保险公司 1982—2003 年农业保险经营状况表**

单位：万元、%

| 年份 | 保费收入 | 赔款支出 | 净赔付率 | 管理费用<br>（以毛保费的20%计） | 总赔付率 |
|---|---|---|---|---|---|
| 1982 | 23 | 22 | 95.7 | 4.6 | 116 |
| 1983 | 173 | 233 | 134.7 | 34.6 | 155 |
| 1984 | 1007 | 725 | 72.0 | 201.4 | 92 |
| 1985 | 4332 | 5266 | 121.6 | 866.4 | 142 |
| 1986 | 7803 | 10637 | 136.3 | 1560.6 | 156 |
| 1987 | 10028 | 12604 | 125.4 | 2005.6 | 146 |
| 1988 | 11534 | 9546 | 82.3 | 2306.8 | 103 |
| 1989 | 12931 | 10721 | 82.9 | 2586.2 | 103 |
| 1990 | 19248 | 16723 | 86.9 | 3849.6 | 107 |
| 1991 | 45504 | 54194 | 119.1 | 9100.8 | 139 |
| 1992 | 81690 | 81462 | 99.7 | 16338.0 | 120 |
| 1993 | 82990 | 96849 | 116.7 | 16598.0 | 137 |
| 1994 | 50404 | 53858 | 106.9 | 10080.0 | 127 |
| 1995 | 49620 | 36450 | 73.5 | 9924.0 | 93 |
| 1996 | 57436 | 39481 | 68.7 | 11487.6 | 89 |
| 1997 | 71250 | 48167 | 67.6 | 14250.0 | 88 |
| 1998 | 61721 | 47681 | 77.3 | 12344.2 | 97 |
| 1999 | 50820 | 35232 | 69.3 | 10164.0 | 89 |
| 2000 | 45200 | 30700 | 67.6 | 9040.0 | 88 |
| 2001 | 39800 | 28500 | 76.4 | 7960.0 | 92 |
| 2002 | 34064 | 25041 | 73.5 | 6812.8 | 94 |
| 2003 | 23585 | 20840 | 88.4 | 4717.0 | 108 |
| 合计 | 761163 | 664932 |  | 152232.6 |  |
| 平均 |  |  | 87.4 |  | 107 |

在当时商业保险的管理制度下，农业保险业务的盈亏临界点约为69%（净赔付率为69%）。分析发现，中国人民保险公司农业保险有如下特点：在险种结构上，经济作物（如棉花、烟草）占了相当大的比重，真正的粮食作物占的比重并不高，这是保险人从收支平衡的目的长期进行选择的结果；在风险责任的选择上，大多承保单一风险或少数几项保险人有能力承保的风险；在承保方式上，有约40%的业务量是采用"统保"或借助行政手段支持来承保的（如上海生猪、水稻保险，新疆的棉花保险以及云南的烟草保险等），这既在事实上突破了商业保险的某些规定，也说明当时农户对商业性农业保险的需求十分有限。

在全国的广泛试验中，中国人民保险公司一直都是主力军，其他试验（无论是1986年以后的新疆生产建设兵团，还是1992年以后的黑龙江农垦系统）的经营模式都只是在很小范围和地区进行。随着中国人民保险公司的商业化改制和上市的步伐加快，于2004年中国人民保险公司最终完全退出了农业保险的试验。而农业风险事故的大范围发生和给农业生产造成的损失不以人们的意志为转移，只靠政府的灾害救济对于农业在生产的恢复来说是杯水车薪，农业保险作为农业风险保障的制度安排，无疑是不可或缺的，就在这种背景下，中央政府委托中国保监会对农业保险制度问题进行调查研究，随后经中国保监会批准，从2004年开始相继批准成立了四家专业性农业保险公司：上海的安信农业保险公司、吉林的安华农业保险公司、黑龙江的阳光相互农业保险公司和国元农业保险公司。继续在商业保险经营的框架里进行农业保险试验。

这二十多年的农业保险试验和探索，时间很长，经历也很曲折，从制度创新的角度来看，特别值得肯定和褒扬。其间，我们也逐步了解到国外农业保险发展的经验，特别是被联合国广泛推广和提倡的美国农业保险发展的成功经验。但是我们在商业保险框架里进行的试验注定是不能成功的。如果要具体分析一下的话，可能会更清楚一些。

二十多年的实践表明，尽管农业保险在某些地区、一段时期内取得了一定的成绩（例如，新疆的棉花保险为棉花生产提供了风险保障；上海涵盖农业生产多个领域的农业保险初步形成了为都市化农业服务的保险保障体系雏形；安徽的行蓄洪区种植业保险则是运用非工程措施对付水患的一种探索；湖南的杂交水稻制种保险为农业新技术的推广提供了保险服务），但是，就总体来看，这种基本上属于商业性农业保险经营的模式并不太成功。

农户对农业保险的有效需求不足是第一个大问题。所谓有效需求是指农户有保险需求并能支付得起相关的保险费。据庹国柱、丁少群（1994）的研究，按一切险计算，陕西关中地区作物因自然灾害带来的社会损失率（社会损失率＝某地区因灾害平均损失的某种作物产量/该地区该作物一定时期的平均产量×100%，它区别于保险公司的经验损失率），粮食作物为 7% ~ 13%（棉花为 9% ~ 18%）。如果每亩粮食作物的成本按 200 元计算，每亩需缴保险费 14 ~ 26 元，如果一户有 10 亩棉花，需缴 140 ~ 260 元保费，而陕西省农民当年人均纯收入还不到 1000 元，占其纯收入的 30% 以上。另据刘宽（1999）的研究，1997 年山西省种植业自然灾害（剔除旱灾损失后）造成的损失率为 6.7%，如果投保种植业保险（剔除旱灾责任），一个 4 口之家的农户每年就要负担 260 元的保险费。如果同时投保旱灾损失责任，假如参照 1995 年的旱灾损失率计算费率，费率将高达 30% 以上，一个 4 口之家的农户每年就要负担上千元的保险费，而山西省农民 1997 年人均收入仅为 1738 元，这是农民无法承受的。

商业保险公司为了降低经营风险，近年来逐年减少了农业保险的业务量。

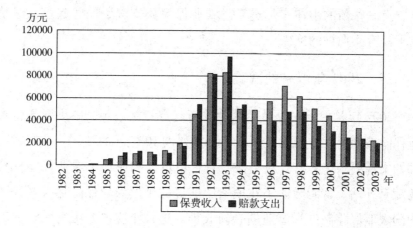

万元

**图 16　中国人民保险公司 1982—2003 年农业保险经营统计图**

　　从图 16 中可以看到，自 1997 年至 2003 年，唯一在全国范围内开展农业保险的中国人民保险公司的农业保险的业务量，从 7 亿多元下降至不足 2.5 亿元。以 1990 年至 2000 年的农作物成灾情况和种植业保险的业务量为例，尽管成灾率不断上升，但保险业务量却逐年下降。

　　由于农业保险的风险高、赔付率高，对于农业保险的多数险种来说（除少数险种如农作物雹灾保险等外），不存在一个完全的农业保险市场。由于损失率高，如果费率参照损失率定，农户保不起；但降低费率，保险公司则赔不起，因此，无法形成一个现实的农业保险市场。总之，农户的有效需求不足以支持一个完全的商业化的农业保险市场；商业保险公司由于担心亏损而不愿涉足农业保险的多数险种。因此，市场存在"失灵"。这是我们花了几十年的时间才得出的与国际农业保险界同行相同的结论。必须从我国国情出发，重塑符合我国实际的新的农业保险制度。其重要内容之一，就是探讨能否在政府的支持下，使农业保险中的某些险种从一个不完全的市场变成一个完全的市场。

　　虽然 2004 年以后的三年里，农业保险的试验格局有一些新的变化，有一些新的主体参加进来。农业保险业务有了一些起色，但整体上没有实质性的突破。

### 四、2007 年以来的试验

2007 年是中国农业保险试验的新起点。这一年，中央财政将农业保险费的补贴作为财政预算科目并列入 10 亿元的预算。按照财政部的文件要求，各省、自治区、直辖市也要相应给予农业保险保费的配套补贴。从而激活了在摸索中前进的中国农业保险业，开辟了中国农业保险制度和事业的崭新天地。这一年应该是中国农业保险的制度大厦建设和农业保险事业创新发展的一个里程碑。

事实上，在此前三年多时间里，政府对农业保险的重视和提倡已经先后见诸《农业法》和自 2004 年以来连续四年的中共中央"一号文件"。2002 年修订的《农业法》第一次提出了"国家逐步建立和完善政策性农业保险制度"，在随后的四个中央"一号文件"中，每每提出建立和完善政策性农业保险制度的政策性指导意见。2007年中央财政的举措，既是中国农业风险管理制度建设一再呼唤的结果，也是法律和中央决策性指导意见的落实。当然，中央对发展农业保险的认识也是随着实践的进展而不断明确的。

2007 年之后，全国农业保险的发展异常迅猛，在短短几年里，随着试点省份的迅速扩大，中央财政补贴的保险标的种类的增加，农业保险市场建立起来并得到前所未有的扩大。2006 年中国农业保险费总收入不过 8.48 亿元，到 2013 年末已经达到 306.6 亿元，增长35 倍。其中，中央和各级政府的保费补贴占 80% 左右。有的省份总补贴率超过 80%。这种市场规模的扩张速度在全球都是绝无仅有的。

从 2008 年起，在全球农业保险保费规模排名中中国稳居第二，仅次于美国，在发展中国家中遥遥领先。而且就规模而言与美国的距离在迅速缩小。2012 年，中国的农业保险费大约为 40 亿美元，美国是 120 亿美元，中国只相当于美国的三分之一，2013 年中国的保险费收入为 306.7 亿元人民币（约 50 亿美元），美国约为 117 亿美元，中国约为美国的 42.7%。

表 18 　　　　　2007—2013 年中国农业保险业务统计表

单位：亿元、%

| 年份 | 财产保险保费总收入 | 农业保险保费总收入 | 各级政府给农业保险的保费补贴 | 农业保险费占财产保险费比重 | 农业保险赔付金额 | 农业保险的简单赔付率 |
|---|---|---|---|---|---|---|
| 2007 | 1997.74 | 51.8 | — | 2.6 | 32.8 | 63.3 |
| 2008 | 2336.71 | 110.7 | 78.44 | 4.7 | 70 | 63.2 |
| 2009 | 2875.83 | 133.9 | 99.7 | 4.7 | 101.9 | 76.1 |
| 2010 | 3895.64 | 135.7 | 101.5 | 3.5 | 100.6 | 74.1 |
| 2011 | 4617.82 | 173.8 | 131.3 | 3.8 | 89 | 51.2 |
| 2012 | 5330.92 | 240.13 | 182.72 | 4.5 | 142.2 | 61.7 |
| 2013 | 6481.16 | 306.7 | 234.95 | 4.6 | 208.6 | 68.0 |

　　2007—2013 年政策性农业保险的发展是非常稳健的，发展成就也是显而易见的。2007 年财政部只选择了吉林、内蒙古、四川、江苏、湖南、新疆六个省、自治区进行试点并只对小麦、水稻、玉米、棉花和大豆五种农业保险的保费给予补贴。此后试验区域和险种逐年扩大和增多，到 2012 年春，全国任何一省如果要做农业保险，都可以向财政部申请，并获得中央财政提供的保险费补贴和税收优惠政策。到 2013 年，中国 31 个省、自治区和直辖市全部建立了以省为单位的以财政的保费补贴和各级政府广泛参与和支持为重要特征的政策性农业保险制度。中央财政补贴的保险标的种类已经扩大到包括粮、棉、油料、糖料、橡胶、土豆、生猪、奶牛、藏系羊、牦牛等 19 种。农业保险的发展产生了积极影响，农业风险管理作用得到初步发挥，逐渐成为现代农业发展的重要抓手。

我国农业保险发展成效可以归纳为以下几个方面：

（一）在我国现代农业风险管理体系建设中迈出重要一步

近二十年来，我国传统农业加快了向现代农业转变的步伐，包括农业科学技术研究和应用、耕作制度、经营规模、机械化作业等方面，都在发生重要进步和变化，唯独农业风险管理手段比较落后，而传统的多种经营、间作、轮作、休耕以及集体经济等分散农业风险的耕作制度和经营制度、经济制度已经改变或者消失，这与我国现代农业体系的建设和发展的要求极不相称，也与我国整体经济和社会风险管理制度建设的步伐极不协调。商业保险公司在这个过程中曾经努力把保险这种现代风险管理工具和手段引入我国迅速变革的农业经济制度，但是没有取得预期的成功。

2007 年以后政策性农业保险的迅猛发展，表明了各级政府和广大农民对农业风险管理制度建设认识的升华，更反映了农业生产和农业经济使用保险这种现代风险管理工具的可行性。农业保险的发展为我国建立现代农业风险管理制度奠定了一个良好的基础。

（二）初步建立了以商业保险公司为主的供给体制

在不同国家，农业保险有不同的供给体制，例如美国，20 世纪 90 年代中期之前都是有政府公营的联邦农作物保险公司（FCIC）全方位提供农业保险服务，之后逐步把业务经营几乎全部交由商业保险公司经营，FCIC 只负责风险研究和产品开发，条款费率规节的制定，保险费和保险公司管理费的补贴预算和执行等。加拿大从一开始到现在都是国有公司供给体制。而日本则是以政府支持下的农村合作保险组织经营为主，没有商业保险公司参与。

我国农业保险从一开始就是由商业保险公司在试验，2004 年为了增加对农业保险的供给，保监会连续批设了上海安信、吉林安华、黑龙江阳光相互三家农业专业保险公司，又引进了法国安盟保险集团在成都设立了专门经营农业和农村保险的分支机构，2007 年批设在安徽设立国元农业保险公司。加上中国人保财产保险公司和中华联合财产保险公司两家综合财产保险公司，自 2014 年以来，还有十多家财产保险公司正在和准备向农业保险业务进发，形成了所谓"4＋2"的商业保险主渠道供给结构。同时，作为辅助供给组织，还有中国渔业互保协会，浙江、江苏等省的渔业互保协会，陕西和湖北的农机风险互助协会等提供特殊农业保险业务（主要是涉农保险业务）的服务，目前我国已经完成了农业保险供给体制的基本布局。这是我国农业保险合乎中国国情发展的一个重要实践成果。

（三）保险的经济补偿作用得到有效发挥

保险最直接的意义就是组织补偿基金并对灾害损失进行补偿。在这方面，我国政策性农业保险在 2007—2013 年初步发挥了它的经济补偿职能。据中国保监会的统计，2007—2013 年我国农业保险累计收取保险费收入超过 1152 亿元，为农户提供风险保障 4.07 万亿元。开办政策性农业保险的区域已经覆盖到全国 31 个省、自治区和直辖市。承保的标的虽然还不够广泛，但是已经覆盖到农、林、牧、渔等领域。2013 年，参保的农户为 2.14 亿户次，投保的作物播种面积达到 9.35 亿亩，占全国播种面积的 56% 左右。在内蒙古、新疆、江苏、吉林等粮食主产区，基本粮棉油作物承保覆盖率达到 50% 以上，黑龙江垦区、安徽省等地基本实现 100% 的覆盖。承保林木 19 亿亩、牲畜 8.64 亿头（羽），此外，农房保险、农机保险、渔船保险等险种也都在稳步试验和推进，其中农房保险在 30 多个省、自治区开展，浙江、福建、广西等省区基本实现全覆盖。

据统计从 2007 年到 2013 年，农业保险共计向 1.47 亿户次农民支付保险赔款超过 744 亿元，户均赔款 507 元，约相当于农户人均纯收入的 10%。农业保险补偿已经成为农民灾后恢复生产和安定生活的最重要的资金来源之一，在那些参与率较高的地区，农业保险赔款已经成为当地农业再生产的最主要的资金来源。2009 年东北旱灾，受灾面积约 1.5 亿多亩，其中 5200 万亩投保农业保险，获得保险赔偿 19.5 亿元，约占受灾面积的三分之一。在 2010 年全国多省发生的洪涝灾害中，受灾农田中有 1900 万亩获得 20.3 亿元的保险赔款。2011 年海南省在中央财政支持下试验橡胶树保险，结果橡胶树遭受"纳沙"强台风袭击，受损投保农户获得赔款 9600 多万元。这些保险赔款对灾区迅速恢复农业生产起到积极保障作用。

（四）充分体现了独特的保险再分配功能

保险区别于救济的一个重要方面就是它具有独特的保险再分配作用。政府对农业灾后的救济在很大程度上取决于政府财力，无论过去和现在，这种救济不仅带有平均分配的意义，而且这种政府财政预算安排是无法和实际灾害损失相匹配的。灾害救济虽然对受灾农户有一定帮助，但无法较好解决农业再生产和农户特别是主要靠农业生产收入生活的农户的需要。广泛和普遍建立的政策性农业保险制度在很大程度上借助保险独特的再分配功能，不仅放大了政府支持农业保险资金的补偿力度和效果，而且使受灾农户的再生产（虽然是简单再生产）得以及时恢复。这是我们在五年中一再看到的农业保险补偿的直接效果。从资金筹集意义上说，虽然在 174 亿元（2011 年）的保险费中，中央政府拿出了 66 亿元，地方政府也配套补贴了 60 多亿元，但是也还从农民那里筹集了近 40 亿元的资金。这种独特的再分配功能使农业保险补偿基金得到放大。从风险保障总规模意义上说，中央财政支出的这笔预算最终获得了 6532 亿元的风险保障，放大效应是 100 倍。从农民的角度看，他们每支付一元钱的保险费可以得到 150 多元的风险保障。这是任何其他财政和金融手段不可能达到的。

更重要的是，就目前的保障水平设定而言，农业保险的赔偿中，对因灾受损的农户是根据保险合同约定的额度，也就是根据简单再生产的需要进行补偿。它所起到的生产和生活保障作用也比其他任何财政和金融手段都更加及时和有效，虽然现在的保障水平还不高，这种保险补偿还不是很充分。

（五）农业保险成为各级政府"三农"工作的重要抓手

从20世纪90年代，我国经济已经进入工业反哺农业的发展阶段，在整个经济和社会发展战略中，政府的强农惠农政策日益增多，继取消农业税、增加种粮补贴、农机补贴、柴油补贴等重要财政支持项目之后，推行和发展农业保险实际上已经成为最新、最重要的强农惠农政策之一，各级政府将其作为保障和改善民生，加强社会保障制度建设的重要措施来实施，不少省份已经将农业保险的发展水平列入省、地、县政府的"民生工程"和"折子工程"，并作为政绩考核指标。

农业保险产品的开发和农业保险的发展，在很多领域和一定程度上解决了政府通过其他手段和措施难以解决的问题。上海安信农业保险公司通过开发和推出政策性蔬菜价格保险，努力解决多年来难以解决的"菜贱伤农、菜贵伤民"的难题，得到上海市政府的高度认可。新疆在喀什疏附县，探索为农牧民提供农牧业生产、家庭财产、人身意外等综合性保险保障项目，更加全面地发挥了保障和服务农业生产和农民家庭生活的功能，对少数民族地区的农村发展和社会稳定发挥了积极作用。中国渔业互保协会及浙江、江苏等省渔业互保协会，针对中小型渔船和渔民人身风险，持续19年举办渔船保险和渔民人身意外伤害保险，以及南海等地渔船涉外责任保险，既有效解决了分散状态下的渔民的渔船财产和人身安全保障问题，更在维护祖国主权方面发挥了独特的重要作用。

（六）为深化农村金融体制改革作出贡献

金融抑制是大多是发展中国家的通病，我国也不例外。金融抑制造成农村和农业金融供给不足，制约了农村和农业经济的发展。其实，农村金融供给不足，也与农业风险较大，借贷风险较高、交易成本难以控制，而农户收入水平不高，财产拥有量有限，从而导致农民信贷地位低下有直接关系。

包括我国在内的各国农业保险发展的实践都表明，农业保险一方面使农户在投保农作物和家畜、家禽等受灾后的损失得到及时经济补偿，可以迅速恢复生产和生活，增强了抗风险能力，有效提高了农户的偿债能力。另一方面农业保险与农村信贷的结合，改善了农村信用环境，进一步提高了农户的信贷地位，促进了农村信贷的发展，在一定程度上解决了农民的借款难问题。近五年来，在保监会、银监会的支持下，保险机构围绕建立银保互动机制进行了多方探索，取得了积极的成果。例如，中国人保财产保险公司与陕西省政府联合开办的"银保富"保险产品、国元农业保险公司在安徽创造的"草莓＋信贷"的服务模式，都是通过政府资金引导，政府和保险公司承担主要风险的农村信贷支持方式，促进了农村金融的改革和发展。还有不少保险公司推出的"小额信用贷款保险"产品，由保险公司和财政或有关担保机构共担融资风险，开创了以保险产品为纽带，保险公司、政府和银行共同解决农户融资难题的新机制。

## 五、近八十年的制度试验、演进及启示

近八十年的农业保险试验和发展的历史通过丰富的实践至少可以揭示：

第一，农业，特别是现代农业需要风险管理工具。如果说在小农经济条件下，农民还可以借助传统的手段和工具管理其农业经营风险的话，现代农业在传统的农业风险管理工具失效之后，最好的工具就是农业保险。随着农业在一国的战略地位上升，这种利用农业保险分散和管理风险的需求日趋强烈。

第二，农业保险虽然可以应用保险的原理和技术来操作和经营，但究其属性除少数单风险保险（如雹灾保险、火灾保险等）之外，

无法满足商业性经营的经济和技术要求，无法完全实行商业化市场化经营，不可能形成自由交易的真正意义上的市场。

第三，农业保险无法完全实行市场化商业化经营，是因为农业保险的大部分业务无法满足商业化市场的基本条件：虽然保险资本不乏经营农业保险的兴趣，但关键是农业生产者对农业保险的有效需求不足。需求不足源于两方面，其一是因为保险标的的高风险高费用造成的高价格，农业保险的费率普遍为2%～16%，甚至更高，比一般财产保险的保险费率（如家庭财产保险）要高数十倍甚至数百倍，而农业本身是弱质产业，收益不高，保险的保障也非常有限，农民没有兴趣；其二是对于相对收益不高的农业保险，农民普遍缺乏支付能力或者支付意愿，即使是经营规模较大、利润率不低的发达国家也不例外。像中国这样的小规模经营农业的发展中国家更不例外。

第四，只有将农业保险上升到政策层面，作为国家的农业发展政策和农村福利政策，并有相应的专门制度安排才可能发展起来。从这个意义上讲，农业保险的需求方，不仅仅是农民，政府的需求可能是主要的。在发达国家，例如美国、加拿大、日本，政府需要农业部门的稳定发展从而维持整个经济甚至本国和国际政治的稳定，需要通过运用农业保险有效工具来管理农业风险和稳定农民的收入。对于发展中国家，本国农业的稳定发展同样既是经济发展也是政治发展的需要。据我们的调查，不少地区的农民已经不愿意种地，甚至让农田撂荒，所以对农业保险也没有什么兴趣，倒是政府不能让农田撂荒，国家不能没有持续稳定的农业发展，所以也就需要农业风险的有效管理工具——农业保险。作为政策的要点之一，政府财政要为农业保险的价格支付较高的份额，并建立一套有政府不同程度参与的组织和业务架构，包括必要的应对农业保险巨灾风险的分散和管理制度，这种为政策服务的农业保险才是可行的和可持续的。

第五，鉴于我国农业经营的小规模和迅速城市化的农业、农村变革的背景，我国政府参与农业保险与发达国家的政府参与不同。在发达国家只需要政府在宏观层面的参与。而在中国，不仅在宏观上而且在中观上和微观上都需要有具体的政策需要政府相关部门广泛的具体参与，以"协同推进"农业保险的顺利发展。在20世纪40年代的试验中，基本上没有政府参与，农业保险也就不可能有农民的响应，农业保险就不可能顺利地推进。20世纪50年代、21世纪初之前二十多年的试验实践中，虽然政府提倡和号召发展农业保险，但基本上没有具体的支持政策，特别是没有必不可少的财政支持政策，仅仅依靠商业保险公司的"积极性"和技术支持无法使农业保险健康运行，也不可能使其有效和持续运行。只有在2007年之后中央和地方有了明确的相互配合的政策和动作，农业保险制度才可能真正建立起来，也才有可持续的基本条件。而那些制度不够健全的地方，农业保险显然没有发展起来。

第九章

中国农业保险管理体制
和运行机制现状及问题

## 一、中国农业保险管理体制现状

农业保险的管理体制是指农业保险管理系统的结构和组成方式，即采用什么样的组织形式以及如何将这些组织形式结合成为一个合理的有机系统，并以什么样的手段、方法来实现管理的任务和目的。具体地说，农业保险管理体制是规定中央、地方、部门、保险企业在各自方面的管理范围、权限职责、利益及其相互关系的准则，它的核心是管理机构的设置。各管理机构职权的分配以及各机构间的相互协调，它的强弱直接影响到管理的效率和效能，在农业保险整个管理中起着决定性作用。国外农业保险发展的重要经验是，要通过完善农业保险立法，明确管理体制。

在《农业保险条例》所确定的"政府引导、市场运作、自主自愿和协同推进"原则性框架下，农业保险管理体制表现为"横向上多部门协同推进；纵向上多层级政府共同引导"。

（一）农业保险横向上多部门"协同推进"

2012年颁布的《农业保险条例》为中国农业保险设计出"横向上多部门协同推进"的制度模式。由《农业保险条例》第四条、第七条等规定可知，我国农业保险是由政府政策支持，在保监会的监督管理下，有关部门共同协助推进的。国务院建立由财政、农业、林业、发展改革、税务、民政、水利、气象和保险监督管理机构等有关部门共同参加的农业保险工作协调机制，负责指导和管理我国农业保险工作；并建立相关部门基础信息、防震减灾等农业保险相关信息的共享平台，加大农业风险基础性研究的力度，进一步强化各部门协同推进农业保险政策。可见，中国农业保险制度呈现出比较独特的"多部门协同推进"格局。

1. 农业保险横向上各部门职能划分与协助

农业保险作为支持"三农"的重要政策，在制定相关政策时，由国务院颁布相关政策，各部门协同做好农业保险的工作。依据《农业保险条例》等相关规范，农业保险管理体制中横向各协同部门职能的划分见表19。

表19 各政府部门农业保险职能定位一览表

| 主体 | 职能 |
|---|---|
| 财政部 | 研究制定农业保险的财税支持政策，制定农业保险相关财务管理和会计核算等制度；做农业保险费补贴预算，并会同其他部门制定保险费补贴政策和办法，对政府补贴资金进行监督；会同其他部门制定农业保险大灾风险分散制度；对农业保险的保险条款和保险费率制度提出意见；处罚违反保险费补贴的取得和使用规定，以及骗取保险费补贴的行为。 |
| 农业部 | 协助做好承保、理赔工作，并强化专业技术服务，做好防灾防病工作；引导农民投保、促进农业保险发展工作；参与农业保险费补贴的具体方法的制定；基层农业技术推广等机构可以协助办理农业保险业务。 |
| 保险监督管理机构 | 负责农业保险的市场准入，以及对农业保险业务实施监督管理，参与组织农业风险研究和区划等；参与农业保险费补贴政策的制定和大灾风险管理制度的建立；负责保险机构的协调；负责农业保险条款和保险费率审批和备案；对保险机构在从事农业保险活动中的违法违规行为执法。 |
| 林业局 | 根据部门职责，负责农业保险推进、管理的相关工作，参与农业保险费补贴的具体政策和实施方法的制定。 |
| 发改委 | 参与制定农业产业结构调整政策；负责农业保险推进、管理的相关工作。 |
| 税务局 | 制定农业保险税收优惠的具体办法。 |
| 民政部 | 负责农业保险推进、管理的相关工作；参与组织和协调防灾减灾以及灾后农业保险补偿与政府救助等工作。 |
| 国土资源部 | 支持与配合保险经营主体的承保、查勘、定损、理赔、防灾防损等各项工作。 |
| 气象局 | 气象部门参与农业风险研究和区划，协助农业保险的开展，以及农业防灾减灾等工作。 |
| 水利部 | 水利部门参与农业风险研究和区划，以及参与农业防灾减灾等工作。 |

**2. 农业保险多部门协同推进的原因**

多部门"协同推进"的农业保险管理体制是中国的特色。该特色管理体制主要是为了适应现阶段农业保险的特殊情况。

第一，我国投保农户规模较小，比较分散。面对众多小规模分散经营的种养业农户，农业保险经营机构直接承保展业、防灾、灾后勘察定损和理赔等环节的经营成本高，可持续发展难度大。

第二，我国现阶段推行的农业保险产品种类决定农业保险应由多部门协同推进。林业保险涉及到林业局，农牧业保险涉及到农业部，渔业保险涉及到国家海洋局，农房保险涉及到民政部，天气指数保险涉及到气象部门。各类别的农业保险产品由其对应的部门参与管理，才能达到更好的效果。

第三，在当前农业保险行业专业性不足、产品和服务都不健全的情况下，需要产业部门的力量来推动该农业保险的规模化发展。在当前情况下，农业保险工作的顺利推进需要一个透明的、各方广泛参与的多方协作管理体制，只有这样才能把这盘"散沙"整理好。

（二）纵向上多层级政府共同引导

《农业保险条例》为中国农业保险设计出纵向上多层级政府共同引导的制度模式。纵向上多层级政府共同引导是指不同层级政府在政策性农业保险中共同发挥引导作用。各层级政府的角色界定分别为：中央政府支持发展多种形式的农业保险，健全政策性农业保险制度，建立财政支持的农业保险大灾风险分散机制；省级政府选择本省的农业保险经营模式；省、地、县政府领导、组织、协调本行政区域的农业保险工作。在农业保险经营实践中，除了省、地、县政府，乡政府以及村民自治组织在农业保险的业务发展层面也承担了重要的角色。

1. 纵向上多层级政府的职能划分

根据《农业保险条例》第三条、第五条等规定，我国农业保险应当是由各级政府共同负责，各级政府之间是引导的关系。中央政府制定全国性的政策性农业保险制度，如制定相关政策和法律法规。2004 年以来，中共中央在每年发布的"一号文件"中，都要发布对农业保险的指导意见，2012 年制定和颁布了《农业保险条例》，为农业保险作出顶层设计，确定了我国农业保险的基本原则、基本制度和相关规则，包括中央提供保险费补贴的预算编制和补贴办法的制定，指导和规范各部门共同支持农业保险工作。

省级政府选择适合本省实际情况的农业保险的经营模式，制定符合本省的农业保险政策，包括与中央财政配套的保费补贴政策，自主决定在中央财政补贴目录之外的本地特色的保险标的和补贴比例的确定，省级以下政府负责具体农业保险宣传和组织工作的实施。农业保险管理体制从纵向上共同引导多层级政府职能分配，具体见表 20。

表 20　　　　　　农业保险管理体制中各级政府职能一览表

| 主体 | 工作职能 |
|---|---|
| 中央政府 | 制度供给，确定农业保险的业务范围、保险费率、财政补贴、税收扶持、金融扶持、配套支持、农业巨灾风险分散制度及保险监管等相关制度和规范。 |
| 省级政府 | 因地制宜地自主决定本地农业保险的经营模式、业务范围、保险补贴标准等具体内容。 |
| 地、县政府 | 宣传和组织众多分散农户参加农业保险、组织推动农村基层开展的农业保险。 |
| 乡级政府 | 各级基层组织特别是乡镇、村也应协助农业保险业务的开展，为承保、签单、防灾、查勘、定损、理赔及道德风险和逆选择的防范提供具体的支持。 |

2. 纵向上多层级政府共同引导的实践状况

农业保险是我国实施的一项基本政策，也是一种农业风险分散工具，这是我国深入贯彻科学发展观，全面建成小康社会的必然要求，更是中央政府鼓励支持"三农"发展的重要体现。农业保险离不开政府的积极参与，更离不开政府的大力扶持和引导。

从目前全国各地的实践情况来看，有些省、自治区、直辖市精心选择和设计了本地的农业保险的经营模式，省政府对农业保险比较重视，甚至作为本省、自治区、直辖市的"民生工程"、"折子工程"来抓并进行考核，农业保险业务推进比较顺畅，发展也比较快，得到农民的热烈响应；但也有些地方，或者是因为对中央农业保险的政策方针和《农业保险条例》缺乏学习和领会，不完全了解设计本地农业保险经营模式的重要意义，或者是因为对农业保险制度安排和经营模式选择的内容不大熟悉，至今还没有出台完整的本省、自治区、直辖市发展农业保险制度的方案，或者设计的方案很不完善，各种关系至今还没有理顺，致使保险机构不大敢于进入那里的农业保险市场，即使进入的保险机构其经营也是小心翼翼，基层政府和投保农户的积极性也不高，当地农业保险的发展受到很大的影响，农业保险发展业绩与本省农业经济的地位很不相称。相反，有的省份无论保险费收入还是农业生产总值排序虽不靠前，但其农业保险发展却排名比较领先。当然不同地方的市场环境等众多因素也是造成这种差异的原因。

（三）对当前农业保险管理体制的评价

和一般的商业性保险相比，政策性农业保险本身较为复杂，对其管理机构提出了更高的要求。政策性农业保险的复杂性不仅体现在其展业、承保、防灾减损、理赔等业务经营层面，更主要地体现在其政策性本质所要求的跨部门协调上。例如，为实现政策目标，政策性农业保险要服务于促进政府农业产业结构的调整，但农业产业结构的调整政策主要由农业部和发改委制定。再如，政策性农业保险要对保费和管理费用进行补贴，而这种政府的补贴投入主要由财政部门来决定；这就要求政策性农业保险的管理机构具备良好的与各相关部门沟通的能力。

从我国农业保险横向管理体制来看，虽然所涉及的部门的责任和政策目标明确，很多省份也设立了"农业保险领导小组"，但中央级别仍然缺少明确统一的领导部门，而且各部门对农业保险的认识并不一致，所以现在的农业保险管理体制的工作效率并不高，还未形成一起推进农业保险发展的合力。

在实践中，特别需要提及的是省级管理和协调机构的安排。目前各省、自治区、直辖市大都设立了"农业保险领导小组"，由政府主管领导任组长，建立了以财政部、保险监管部以及农业部门为主，各有关部门参与的农业保险协调机制。"农业保险领导小组"下设办事机构，有的设在农业厅（局）或农委，有的设在财政厅，还有的设在发改委。尽管还不是有实际管理职能的常设机构，但是对农业保险的规划、发展和实施具有较好的促进。

中国现行农业保险模式，旨在引导我国农业保险向市场化发展，从指导思想来看，政府的目标在于大力支持但并不过分干预，这留给农业保险大量的市场发展空间。政府建立科学合理的农业保险机制，在经营管理方式上都有了很大的改革，促进了农业保险的发展和完善，有利于各类保险组织的创新，同时又可以克服市场经营的障碍。

## 二、中国农业保险管理体制现存问题

在我国农业保险横向上多部门协同推进和纵向上多层级政府共同引导的管理体制下，现阶段我国农业保险制度的建设中，需要政府科学发挥其引导作用，为农业保险撑起一把立法、扶持、行政资源管理、监管的"保护伞"，其既不能"越位"也不能"缺位"，要求各级政府对农村、农业、农户的风险防范和社会管理作用，农业保险才能真正成为解决我国"三农"问题的利器。然而农业保险的发展实践证明，当前我国的农业保险管理体制中诸多方面需要不断完善。

（一）政府与市场的边界不够清晰

在当前的农业保险发展过程中，政府权力过度介入，逐渐导致政府权力从"政府引导"异化为"政府主导"，难以实现市场化运作。

1. 政府与市场边界不够清晰的表现

第一，在业务发动和组织阶段。部分地方政府在农民不了解、不熟悉政策性农业保险的情况下，将农业保险的参保率作为基层政府的绩效考核目标，通过行政命令将任务层层分解到各乡镇、村，要求必须全部按期完成，强行规定保险覆盖面。有的甚至将参加政策性农业保险与粮食直补等惠民政策直接挂钩，侵害了农民利益。

第二，在业务承保方面，部分地方政府在自己没有精算能力的现实条件下，也不经过其他合适方式评估农业保险的费率规节，就随意要求保险公司拓宽保险责任范围、降低保险费率、提高单位保险金额。例如，在保险方案制定方面，往往由地方政府主导制定年度保险方案，确定保险品种、保险责任、保险费率、承保公司的选择及经营区域的划分等。在资金管理方面，设置账户开户、巨灾准备金以及费用使用等限定条件。一些地区政府部门在开展农业保险时，利用垄断资源、行政权力，向保险公司索要或提取费用，这些行为使国家的惠农政策偏离了方向，损害了农民的合法权益，也严重影响了农业保险健康稳定发展。

第三，在理赔方面，部分地方政府要求保险公司无原则地扩大赔款金额，甚至要求保险公司在不发生自然灾害的情况下，通过编造假赔案的方式套取资金，而且一些理赔资金并没有真正赔付到农民手中（李传峰等，2012）。

2. 政府与市场边界不够清晰的原因

一是政府在农业保险中的行为规则规定比较笼统，导致权力弹性。现行规定过于原则化，致使政府与市场边界不明，政府权力异化。政策支持是政策性农业保险的最重要条件和标志之一，也是其他农业保险发达国家的有益经验，通常这些国家一般都会通过法律将政府在农业保险制度中的作用和角色界定清楚。而我国颁布的《农业保险条例》对于政府及其部门应当在农业保险中发挥的重要作用和其与市场的边界虽然作出了相关规定，但遗憾的是在《农业保险条例》中对于政府及其部门在其行为边界方面的规定还是比较笼统，造成了权力弹性。《农业保险条例》为什么要划定政府及其部门的行为边界呢？如前所述，农业保险之所以有政策性农业保险，就是因为商业性农业保险是市场失灵的，在高价格和低支付能力供求矛盾的条件下，商业性农业保险的自行发展会严重制约现代农业的发展和粮食安全战略的实施。市场失灵就需要政府介入，但是政府介入必须有度，如果不明确划分政府与市场的边界，政府介入就很容易超过一定的界限，造成政府行政权干涉过度。

二是农业保险过度依靠行政力量推动，导致政府权力异化。《农业保险条例》规定我国政府在农业保险中起引导作用。农业保险的发展是在财政和税收的政策规定下，政府各相关部门协同推进，包括协助保险机构完成宣传、组织、展业、签单、查勘、定损和理赔等保险环节的工作。所以农业保险机构开展农业保险业务，难以实现直接展业，也不可能完全依靠自身力量来进行查勘和理赔工作，需要依赖政府各相关部门相互合作而形成的这个"协保渠道"来实现，这是由我国农业经营规模太小和保险标的过于分散等原因决定的。这是现阶段农业保险的重要特点之一，也是造成农业保险的发展过度依赖行政力量的关键原因。

三是市场资源人为分配，寻租现象滋生，市场化运作困难重重。与普通的商业保险不同，如果有多家农业保险经营机构在同一地区竞争，就会出现共同"争抢"同一个"协保渠道"的问题。表面上，面对农户，有多家保险公司提供农业保险产品，费率也是由公司自己确定的，农户可以购买，也可以不购买，一切都是市场化的特征。但实际上行政权力在支配市场方面仍发挥了很大的作用，寻租现象由此滋生繁衍，从而导致行贿、受贿等违法犯罪活动频繁发生，屡禁不止。除少数地区外（如江苏的"联办共保"模式），在目前全国大多数地区的农业保险开办模式中，区县或乡镇是保险公司竞争农业保险经办资格的最小单位，即保险公司通常以区县或乡镇为单位"拿业务"。理论上，每一单元的具体经办机构的确定，都应该严格遵从公开、公正、公平的市场竞争原则，采取招标的方式。但实际上，在某些地方，经办机构是由具有决策权的地方政府领导确定的，或者表面上采取了招标的方式，但招标仅流于形式。在实际操作中，政府领导违规行为各式各样，有的是完全由领导确定经办机构；有的是领导泄露标底致使招标流于形式；又有的是引入中介公司，"批发"农业保险业务。

（二）行政权力的约束机制有待健全

法治理论认为，权力的"知止"单靠权力者自律是做不到的，其权力边界应通过外在力量的约束来划定和实现。当前我国行政权力的约束机制不够健全主要表现在以下两个方面。

1. 对基层政府在农业保险活动中的行为缺乏监督规定

对基层政府在农业保险活动中的行为缺乏监督规定，导致违规承保和套取补贴现象严重。已经实行的《农业保险条例》虽然规定了相关政府部门对农业保险的政策支持，但没有有效界定和约束政府特别是基层政府在农业保险经营活动中的权力和行为，这样也导致对于政府特别是基层政府在农业保险活动中的行为监督存在困难。再加上现行的政策性农业保险保费80%左右由中央、省、市、县各级财政承担，农民只承担20%左右，这种财政补贴政策在缺乏监管的条件下，导致保险公司为了自身利益，甘愿铤而走险，与相关政府职能部门、乡镇、村组勾结造假，虚报保险标的骗取和贪污财政补贴。甚至农户不知道有保险这回事，基层干部假农户之名，和保险公司"玩保险游戏"，把农业保险当成他们的"提款机"。

2. 对基层政府和保险机构的共同行为监管不力

监管不力主要表现为力度不够。常见的有两种情况：其一，虚报投保数量。最常见的是，一些城区或经济条件较好的乡镇，农用地已被征用但仍按原面积承保。这其中，往往离不开政府职能部门和保险公司同谋，如保险公司与某职能部门达成协议，按一定比例虚增承保面积，该职能部门将虚增承保面积分配到各乡镇二级单位，采取"先代垫后补偿"的方式。二级单位先议定代垫大户的名单，并收取代垫资金，同时提供相关虚假理赔资料交给保险公司。再由保险公司理赔部门负责做假案子。通过审批程序，套出理赔资金补偿代垫保费，转入代垫大户"一卡通"。其二，将未投保标的打包投保。一些保险公司为了完成上级公司下达的保费任务，说服政府下达承保指标，乡镇对行政村下达农业保险参保任务。为了完成任务，在村民不知情的情况下，有的是行政村先行垫付，然后再向各户收取，农民意见很大；有的行政村保费由村干部先行垫付，待赔款到账后再由各户取出还给村干部；也有经济条件比较好的农场，替农民垫付了全部保费，但大部分农民根本不知道政策性农业保险，即使受了灾也得不到理赔，这也是另一种意义上的骗取国家财政补贴。

监管不力除"力度不够"外，还包括"力量不够"即"心有余而力不足"。目前中国各地的农业保险领导小组，集合了政府有关财政、农业、保监、发展改革、金融办、气象、民政等诸多部门，但大多数地区没有一个正式的农业保险管理和协调机构。这些临时机构的工作人员很少，不可能到基层检查了解和查处农业保险的实际运作情况。而作为农业保险监管机构的保监会和各省保监局，负责农业保险监管的人员太少。保监会财产保险监管部下设农业保险监管处，编制仅仅几个人，各省的监管局在其财产监管处也不过一两个人负责农业保险的监管。实际上，在许多地方，监管部门和官员对农业保险违规问题，即使"看得到"也"够不着"。此外，在法律上，涉及地方政府违规违法，应当由谁查处并不明确，各地公检法如果要介入也有不便之处（朱蕾等，2013）。

加强对农业保险的监管已经不能仅是口头上的"官话"了，在农业保险迅速推进的今天，农业保险科学发展，首先要完善农业保险的法规体系，加快制定与《农业保险条例》配套的部门规节，加强对保险机构监管的同时还要加强对地方政府的监管。

（三）政府不同部门之间的关系有待理顺

政府不同部门之间的关系难以协调，主要源于各部门之间权力划分不清。《农业保险条例》的出台确实解决了在农业保险领域无法可依的尴尬。但是，该条例如何实施以及能否达到制定之初设计的目的，这与立法内容是否科学完备、立法技术是否娴熟以及能否实现相关部门间的协调与协同有着密切的关系。

例如，《农业保险条例》第四条规定："国务院保险监督管理机构对农业保险业务实施监督管理。国务院财政、农业、林业、发展改革、税务、民政等有关部门按照各自的职责，负责农业保险推进、管理的相关工作。"正是由于法律上这种模棱两可的规定，极易造成不同部门在农业保险管理体制中产生领导权之争、不同部门之间职能交叉与政出多门、不同部门之间缺乏有效的协调机制等问题。这是因为涉及农业保险的各部门各自的职责内容是什么、是谁的职责以及违反职责的法律后果是什么均未明确，使得当前的法律法规成为"没有牙齿的老虎"。出现此类情况多是因为在《农业保险条例》颁行之初，这些部门要么缺乏相关农业保险的规定，要么与《农业保险条例》不相匹配或不完全相匹配，使得后续立法关于各部门如何分工、如何协作发展成为必需（于娟等，2013）。

部门关系不清，极易导致不同部门权力冲突、阻碍农业保险正常运行。在某农业保险试点工作中发现，有关部门根据中央政策性农业试点要求，各自颁发了有关农业保险的文件，但政策的出发点往往立足于本部门规范化管理，集中到农业保险上就呈现不协调、不配套，甚至出现相互矛盾的现象。例如，对于保费资金的管理，保险主管部门要求压缩应收保费，农业保险应实行见费出单（出单时至少应将农户自交保费部分收齐），而所有保费最初都集中在资金管理部门，资金管理部门规定，保费补贴资金为年初列提预算，一季度一结账，导致保费补贴资金到位滞后。这些不协调甚至是矛盾不仅影响农业保险工作的顺利开展，而且影响农业保险的长期健康发展（谭中明等，2013）。

（四）不同层级政府之间的关系有待理顺

农业保险与普通商业保险不同，除保险人、投保农户之外，还得有第三方当事人即政府。政府在这个经济关系中扮演着非常特殊和复杂的角色，既要为投保农民分担保险费，还要宣传、组织和引导农民参与，并且协助保险人做定损、理赔等工作，推动保险业务的拓展和运行。所以在农业保险的实施过程中各级政府协同推进显得尤为重要。但是，在实践中存在着不同层级政府关系和责任不清晰的问题。

1. 中央对地方政府缺乏具体要求和指导

根据《农业保险条例》及其他相关政策的安排，中央政府对农业保险已经提出了统一的制度原则，统一的财政、税收、监管政策以及多个相关部门共同配合的要求。但是具体到各省、自治区和直辖市的农业保险如何组织实施，成立何种管理和协调机构，采取什么市场安排、开办哪些保险种类和险种，如何组织本地风险区划、安排大灾风险分散制度、除了中央政策之外还要不要出台本地的支持政策等，完全由各省、自治区和直辖市政府自行决策。但是中央对省级政府的要求并不具体，加之一些省级政府对中央农业保险的政策方针理解不透，导致地方政府对于政府与保险公司的关系、政府与投保农户之间的关系等未能理顺，致使保险机构不敢于进入那里的农业保险市场，进场的保险机构其经营也是小心翼翼，农业保险发展缓慢。

**2. 各级政府部门在农业保险中的具体职责不够清晰明确**

另外，《农业保险条例》对各级政府部门在农业保险中的具体职责并没有进行规定，从而导致在出现问题的时候各级政府部门以没有法律规定属于自己的职能为借口而相互推托。当农业保险公司或是投保农户因农业保险发生争议而又无法解决的时候，因为没有法律规定，可能会出现不知应该找谁解决的问题，甚至有可能出现上级政府推说找下级政府处理，而下级政府又推说自己没有管理权限的情况出现，这对于维护保险公司和投保农户的合法权益甚至整个农业保险市场运行都是巨大的障碍。

同时，因为各级政府部门没有具体规定自己的权能范围，每一级政府就都可以介入到农业保险的管理过程中来。政府的干预是促进农业保险的原则之一，有利于对农户投保农业保险的引导，也有助于协助农业保险公司的运行，但是各级政府无原则的介入则导致农业保险市场的混乱，理顺不同层级政府关系势在必行。

**3. 多层级政府的"联动配套补贴"体制存在弊端**

农业保险需要政府的财政支持，虽然保险费、管理费等方面和环节大多数国家都给予补贴，其必要性的理论解释也毋庸置疑。我国财政补贴农业保险的保险费实际上实行的是中央、省、地、县四级"配套联动"政策。但是如何补贴各个区域具体做法并不完全一样。

中央财政部门对各个省、自治区、直辖市予以财政补贴的同时，虽然没有硬性要求地（市）、县一定要配套补贴，但不少省要求地（市）、县提供20%左右的配套补贴。而且中央政府也并未采取针对贫困地区支持农业保险的优惠政策，比如减免农业保险的税收或是由政府来组织对主要农作物实行区域性统筹保险等政策法规等。这样部分地、县政府就犯了难，特别是那些被称为农业大县和财政穷县的地方，如果它们不提供配套补贴，省级和中央的财政补贴就得不到。在本地经济能力有限而无法配合上级政府的要求，配套的才予以财政补贴的情况下，这些财政不宽裕的地、县要么"有多少钱办多少事"，最终导致农业保险的运行进程缓慢，农业保险渗透率或者覆盖率很低；要么"另辟蹊径"，跟保险公司一起欺骗上一级，或者"先出钱再抽回"，或者直接以"应收账款"的方式处理，这些方法只会给当地的农业保险制度的发展造成更大危害，这对《农业保险条例》的广泛实行造成更多障碍。

（五）目前的制度设计忽视了农业保险决策与管理中农户的参与

《农业保险条例》第十条规定："农业保险可以由农民、农业生产经营组织自行投保，也可以由农业生产经营组织、村民委员会等单位组织农民投保。由农业生产经营组织、村民委员会等单位组织农民投保的，保险机构应当在订立农业保险合同时，制定投保清单，详细列明被保险人的投保信息，并由被保险人签字确认。保险机构应当将承保情况予以公示。"由此可知农业保险合同由保险公司制定，所以一般都是格式合同，保险条款也就是保险公司自己预先制定的。

尽管我国的农业保险政策和法律制度中有一系列引导和优惠农民参与农业保险的规定，但是在当前的农业保险管理体制中，实际上涉及到投保农户参与制度管理的设计较少，也导致了诸多新问题的出现及老问题迟迟得不到解决。

1. 制度设计忽视农户参与的原因

其一，制度模式所致。由于农业保险补贴资金从上而下的管理模式，《农业保险条例》规定由中央政府与地方各级人民政府共同推进农业保险的实施工作，当补贴款项从上至下运行时最突出的表现是县级财力落实中央财政补贴配套资金较为困难，这也直接影响到农业保险的覆盖程度以及农户合理的诉求无法实现。由于各地经济发展水平不一，地理环境千差万别，中央政府规定的农业保险的范围和财政补贴比例对于各地来说并不一定一致。当农户希望积极参与到农业保险的制度设计与决策管理中的时候，确实无法参与其中。高高在上的制度安排难以对农民的合理诉求及时响应，影响农户的投保积极性。

其二，农户普遍保险素质较低，参与效果不佳。大部分农户对于农业保险只有一个最基本认知，但是并没有认识到农业保险在补助灾害损失、提高农业综合生产能力和促进农民灾年增收方面所发挥的作用，从而不愿意投保农业保险；而有些农户虽然投保了农业保险，其实对于农业保险的内容条款以及自己的权利义务并不是很清楚。对《农业保险条例》的内容都不懂的农民就更不会参与到农业保险的制度设计与决策管理中来了。

2. 制度设计忽略农户参与的后果

农民参与程度很低，目前我国农业保险的价格（费率）主要是由保险公司厘定，有的省、自治区、直辖市是由保险公司和政府有关部门共同研究"商定"的。政府与公司占据主导地位，广大农户无法参与到农业保险费率的制定过程中来，政府、公司、农民之间缺乏利益制衡与协调机制。具体表现如下：

第一，政府权力过大，对公司干涉过多。我国虽然实行的是"政府市场合作模式"，但是在一些地方，政府对公司行为渗透过度，行政推动已经带来诸多负面影响。一些地方的政府部门干涉保险机构的业务活动，要求保险机构签订不合规范的保单；克扣、截留保险费的财政补贴款；不规范地索取手续费、佣金；以掌管的财政补贴资金拨付权力为武器，迫使保险公司不恰当地多赔，甚至没有灾害也要求赔偿；在缺乏经验依据的条件下，压低保险费率等；有的地方因为政府在农业保险中有较大发言权，就以为可以掌管分配市场资源的权力，可以对农业保险微观经营做主。

这些情况事实上都源于政府权力的扩张及其对公司经营行为的

不当干预，使保险经营机构正当保险费收入减少和赔付率人为地提高，扩大了保险损失成本，或者不能给遭受灾损的投保农户足额赔付。既损害了保险人的合法利益，也损害了被保险人的利益，影响到农业保险制度的健康和可持续发展。在目前农业保险制度架构与治理结构中，政府权力、保险公司权利与农户的合法权益明显缺乏权力的制衡，这突出表现在农户几乎没有任何的参与权利。

第二，农民对保险合同的制定没有发言权，很难参与农业保险决策和管理，增加农业保险发展阻碍。

一方面，由农业保险公司事先制定格式合同可以降低交易成本，提高保险公司与投保农户的效率，还可以对将来可能出现的风险进行预测与控制，维护双方交易相对人的交易安全。但是预先制定的格式合同也是对合同自由原则的一种限制，违背了契约自由原则，由制定方制定合同条款，一般情况下另一方当事人不能参与到合同制定的过程中来，所以往往会制定有利于自己而不利于合同相对人的内容。保险公司为最大限度地维护自己的合法权益，往往会在合同中制定一些不利于投保人权益的条款，而保险公司人员又不能做到逐人告知保险合同中规定的条款，特别是不在理赔范围内的条款的含义，投保农户不理解这些条款，也就无法提出有利于维护自己权益的合同条款，这样就会对投保农户产生不利影响。

另一方面，保险公司制定的保险合同，由于投保农户无法参与，则可能出现保单设计违规（如私设封顶赔付线）、承保不规范和理赔不规范问题，出险之后不认真查勘定损，理赔带有很大的随意性，实行所谓"协议赔付"、任意减低赔付等，更可能致使基层政府与保险公司或者中介机构以各种方式采取非法途径套取上级财政补贴，这些违背市场经济和农业保险经营规则的现象都成为农业保险市场发展的阻碍。

## 三、中国农业保险运行机制现状

"运行机制"由有机体喻指一般事物，重在事物内部各部分的机理即相互关系。农业保险的运行机制是指通过规范农业保险中各个要素之间的相互作用、合理制约，使农业保险实现良性循环的各种措施、制度和方法。国际经验表明，农业保险制度发展的重要方向是完善运行机制。

在《农业保险条例》确定的原则性框架下，农业保险运行机制主要体现为在政府支持下实行市场运作，即"政府市场合作"。这一方面实现了政府责任的回归，另一方面充分利用了保险公司现有的组织资源，提高了运行效率。这种制度上的优势使得政策性农业保险快速发展。农业保险的运行机制包括供求机制、价格机制、竞争机制、市场准入机制、财务管理与会计核算机制等。

### （一）农业保险的供求机制

供求机制是农业保险市场运行的核心机制。政府在农业保险市场发挥着积极的作用，对农业保险的供求两方面均产生影响，这使得农业保险的供求机制明显不同于商业性保险市场的供求机制。

#### 1. 农业保险的供给机制

从政府对农业保险的供给来看，在自由竞争的市场上，农业保险的供给实际上受到需求的严格制约而成交的数量极少。通常情况下，政府为了既定政策目标（如农业的发展和粮食安全）需要利用保险这种农业风险管理手段，从而成为农业保险供给机制中的重要参与者。根据我国《农业保险条例》，政府在农业保险的供给中主要发挥着如下六个方面的重要作用：

第一，统一领导和组织本地农业保险工作，这是政府参与到农业保险中来的第一个责任和义务。

第二，确定本地农业保险经营模式。省级政府可以制定本省的农业保险制度，选择适合自己的经营模式。这是法律赋予省级政府的权利和责任。

第三，对农业保险提供财政补贴和税收优惠。财政和税收政策是政策性农业保险存在和发展的首要条件，也是政策性农业保险制度的最重要特征之一。

第四，建立财政支持的大灾风险分散制度。由于农业风险具有高度关联性和系统性，在时间和空间上不易分散，容易形成农业巨灾损失，而商业再保险机构对农业保险的再保险问题通常极为谨慎，农业保险巨灾风险难以完全通过再保险渠道转移，或者转移成本过高，因此需要政府给予一定支持。

第五，支持建立农业保险基层服务网络。农业保险的经营高度分散，仅仅靠保险经营机构宣传、组织、展业、承保、核保，发生灾害损失时进行查勘、定损和理赔有诸多实际困难，所以要在基层政府帮助下建立起基层服务网络，才能向农民提供比较周到的保险服务。

第六，建立农业保险相关信息的跨部门共享机制。在政策性农业保险制度中，很多政府部门都牵涉进来，"协同推进"需要共享机制的构建。

从保险机构对农业保险的供给来看，保险机构是政策性农业保险制度的重要组成部分。我国《农业保险条例》确定商业性保险公司和其他合作互助保险组织都有参与经营政策性农业保险直保业务的权利。尽管《农业保险条例》允许众多商业性保险公司和不同的合作保险组织作为供给主体参与农业保险供给，但各省份在确定自己的方案时，实际上在规定的范围内对于开展业务的选择具有主动权。目前，在不同省份的政策性农业保险市场上，供给主体及其结构还是有所不同的。当然，保监会也会根据《农业保险条例》规定的条件，从市场实际出发，调控市场供给主体，保证政策性农业保险的市场效率。

2. 农业保险的需求机制

国内外理论与实践表明，需求不足是农业保险发展的一个突出问题。导致农民需求不足的原因是多方面的，通常包括：第一，保险费率过高，农户支付能力有限，难以承受；第二，险种设置不能满足农户需要；第三，农户的侥幸心理严重，保险意识不强；第四，农业保险消费过程中存在正外部性，以致相对于社会最优化的需求不足；第五，在经济发达地区，基于农户收入中种植业、养殖业收入水平及份额急剧下降，在保障水平不高（低于70%）的情况下，农民对这种补偿收入的预期很低。

自 2007 年中央财政对农业保险的保费进行补贴以来，我国农业保险的需求机制发生了很大变化。尽管从表面上看，农民仍然是农业保险的最后需求者，然而，由于我国农村地区长期缺乏通畅的需求表达机制，农民对农业保险的需求偏好并不能为农业保险的供给方所了解，供给方与需求方存在着明显的信息不对称。

在需求表达机制缺位的状态下，农民对农业保险的需求机制实际上已经被扭曲，成为地方政府的"政绩追求"下的附属品。依据《农业保险条例》，地方各级政府应当采取多种形式，加强对农业保险的宣传，提高农民和农业生产经营组织的保险意识，组织引导农民和农业生产经营组织积极参加农业保险。这意味着，提高农民对农业保险的需求已经成为地方政府的"政治任务"，农民"自主自愿"的投保原则实际上已经被打破。从近年各地的实践来看，一些地方政府为了扩大农业保险覆盖面，追求"政绩"，甚至强迫农民购买农业保险。

（二）农业保险的价格机制

农业保险的价格也即农业保险的费率。根据经济学原理，费率是保险供求信息的传播者，能够同时调节农业保险市场的供给和需求，在资源配置中发挥着关键作用。从目前我国的情况来看，由于我国农业风险区划工作和费率厘定工作严重滞后，很多地区的农业保险费率存在着"一刀切"的现象，也即一些省级政府要求在全省范围内对同一农作物、同一畜禽，实行统一费率、统一条款，市县各级部门及保险机构不得随意调整。

客观来说，农业保险的"统一费率"可以避免保险费率被地方政府人为压低，也可以避免保险机构开展"价格战"等恶性竞争行为，并且能在一定程度上降低农业保险的管理成本，然而，鉴于农业生产的地域性特征，各地在土壤、气候、气象、地理条件上存在着明显区别，农业风险的水平千差万别，即使在同一个乡镇，各区域的农业风险状况也不一样。因此，"统一费率"并不能准确反映出各地农业风险的真实水平，而一旦农业保险的"定价"脱离了农业风险的实际，农业保险的价格机制也就不能有效地发挥资源配置作用。

（三）农业保险的竞争机制

在"政府引导、市场运作"的制度模式下，农业保险经办机构（主要是商业保险公司，也有一些合作保险组织和协会保险组织）之间存在着一定的竞争关系，即一方面政府对本地市场上所有的商业保险公司提供政策支持（目前中央财政暂时还不向其他经营主体提供财政补贴），另一方面保险公司之间需要通过竞争机制来获取业务。

根据保监会的公告，目前我国每个省份至少有 2 家保险公司获得了农业保险经办资格，有的省、自治区、直辖市市场上有六七家之多，这意味着各省农业保险市场上的竞争格局已经形成，而在有的拥有众多市场主体的省份，保险公司之间的竞争早已进入白热化状态。

从理论上讲，各家保险公司之间的竞争方式包括价格竞争和非价格竞争。然而，在目前很多省市实行"统一费率"的背景下，各家保险公司在价格上开展竞争的空间似乎有限，但仍然以佣金区别、不会兑现的"应收保费"的多寡，在价格上进行着"隐形战争"。非价格竞争至少在表面上成了竞争的重要内容，具体包括产品设计、服务能力和管理水平等。

值得重视的是，由于各省地方政府对本地农业保险市场的运作模式具有绝对发言权，而农业保险真正的需求者——农业生产者却缺乏对保险公司的自主选择权，这使得农业保险的竞争机制逐渐发生异化。保险公司只要与地方政府建立起良好的关系，即便不具备相应的技术水平和服务能力，也能获得该地区的农业保险业务。在这种背景下，农业保险的竞争机制不仅无法实现优胜劣汰，而且会激励保险公司向政府"寻租"，其结果反而会破坏市场秩序，产生"劣币驱逐良币"效应，导致市场效率下降。

（四）市场准入机制

依据《农业保险条例》，经营农业保险必须取得保监会的审批。目前保监会对于农业保险经营的审批有两种：一是经营主体审批，二是经营业务审批。

1. 经营主体审批

《农业保险条例》第十七条第一款规定了保监会对农业保险经营主体的审批条件，明确了对农业保险经营主体的审批职权由保监会行使，结束了过去不同形式的农业保险经营主体由不同部门审批登记的局面。农业保险试点开办以来，几家专业农业保险和部分综合性财产保险公司组成的"4＋3"格局一直是我国农业保险市场经营的主流。不过，越来越多的财产保险公司看好这个业务领域，正在逐步涉足农业保险。目前，我国有20多家保险公司在经营农业保险业务，基本实现了粮食生产大省都有2家以上农业保险经营机构，初步满足了农业保险发展的需要。

## 2. 经营业务审批

根据保监会下发的《关于加强农业保险业务经营资格管理的通知》第一条规定："保险公司经营农业保险业务，应经保监会批准。未经批准，不得经营农业保险业务。"第二条规定："申请农业保险业务经营资格，应由保险公司总公司向保监会提出申请。保险公司向保监会提交申请时，应列明拟开办的省（自治区、直辖市）。"总体而言，对申请经营农业保险的保险公司规定了具体的比较严格的条件。但是，在《农业保险条例》出台前，在农业保险的主要监管机关尚不明确的情况下，保监会只能通过条款费率审批对农业保险经营资格进行监管的一种权宜之计。《农业保险条例》出台后，保监会将主要依据农业保险市场准入条件，以主体审批方式进行监管。

这种对市场准入的限制是有一定道理的。这是在总结我国多年农业保险试验实践经验并借鉴外国经验的基础上作出的。

第一，在农业保险领域，特别是政策性农业保险领域，市场并不起决定性作用。作为极其缺乏有效需求的典型领域之一，农业保险特别是政策性农业保险，基本上不存在商业化经营的市场，不仅国外超过一百年的农业保险发展历史，而且我国半个多世纪的试验历程都证明了这一点。因此才有中外"政策性农业保险"制度之建立。这种政策性农业保险是由政府来支持和引导甚至主导的，当然可以使用商业性市场主体。这种模式已经被很多国家所采用，也就是我们现在选择的所谓"政府市场合作模式"。在农业保险这个领域，能不能和在多大程度上启动市场，起决定性作用的是政府而不是市场。这是中外理论界已经达成的共识。

第二，政策性农业保险有不同于商业性保险的诸多特点。尽管包括我国在内的许多国家都有一些商业性农业保险险种，但政策性农业保险是主流，这种认识已经被越来越多的国家所接受和应用于实践。农业保险不是谁想做就可以做的，主要是因为跟有生命的生物的灾害损失打交道的农业保险，有自己特殊的制度和技术要求，专业性较强，包括前期的风险评估和区划，保险费率的分区和精算，保险展业、定损、理赔等诸多业务环节。这跟以城市为背景的、财富高度集中的财产保险经营规则有所不同。

第三，需要进一步提高农业保险的准入门槛，并规范市场竞争。目前农业保险经营在某些地方出现了一些值得关注的问题，对于农业保险的经营主体，不仅一般要求准入有门槛，而且需要提高准入门槛，不仅考虑资本实力、机构人员，还要考虑承保、理赔等服务能力、合规性管理等方面的条件。许多财产保险公司或者其他组织愿意加入农业保险经营主体的行列，这跟六年前很少有人问津农业保险，各级政府和监管部门请都请不来甚至要用行政手段要求保险公司入列的情况相比，无疑是积极的市场行为。但是农业保险经营同任何其他行业经营一样，应当有必备的条件。

（五）财务管理与会计核算机制

商业性保险需要做准备金评估和编制偿付能力报告。农业保险也不例外，同样也需要做准备金评估和编制偿付能力报告。考虑到农业保险的特殊性，《农业保险条例》第二十条规定："保险机构经营农业保险业务的准备金评估和偿付能力报告的编制，应当符合国务院保险监督管理机构的规定。农业保险业务的财务管理和会计核算需要采取特殊原则和方法的，由国务院财政部门制定具体办法。"一方面，《农业保险条例》要求农业保险的准备金和偿付能力管理应符合保监会的有关监管规定，将会改变过去农业互助保险组织等经营主体在准备金和偿付能力管理上无法可依的状况。另一方面，有关法律法规、监管规定对农业保险的财务管理和会计核算有特殊规定的，要按照有关规定执行。

## 四、中国农业保险运行机制现存问题

在《农业保险条例》确定的原则性框架下，农业保险运行机制主要体现为在政府支持下实行"市场运作"，即 PPP 模式。这一方面实现了政府责任的回归，另一方面充分利用了保险公司现有的组织资源，提高了运行效率。这种制度上的优势使得政策性农业保险快速发展。然而在实践中，中国农业保险运行机制也出现了诸多问题。

（一）政府与市场边界不清晰

保费补贴和行政的强力推动促进了农业保险的快速发展。但行政推动是一把"双刃剑"，一些地方公私合作的边界不清，政府对公司行为渗透过度，行政推动已经带来诸多负面影响。比如，一些地方的政府部门干涉保险机构的业务活动，要求保险机构签订不合规范的保单；克扣、截留保险费的财政补贴款；不规范地索取手续费、佣金；以掌管的财政补贴资金拨付权力为武器，迫使保险公司不恰当地多赔，甚至没有灾害也要求赔偿；在缺乏经验依据的条件下，压低保险费率等。上述风险事实上都源于政府权力的扩张及其对公司经营行为的不当干预。

这种源于地方政府的道德风险事故，使保险经营机构正当保险费收入减少和赔付率人为地提高，扩大了保险损失成本，或者不能给遭受灾损的投保农户足额赔付。这些行为既损害了保险人的合法利益，也损害了被保险人的利益，影响农业保险制度的健康和可持续发展。而相关政府部门的职务犯罪更是危及农业保险的价值与合法性。

（二）商业模式的双重困境

目前保险公司经营的基本上都是传统的多种灾害农业保险（MPCI）。与西方一些国家大规模农场经营不同的是，中国农村地域分散，大多是一家一户小规模经营（据统计，目前种植面积超过100亩的农户所耕种的土地面积不到全国的六分之一），组织化程度很低，这些都给保险公司的销售与理赔带来了巨大的挑战。如果保险人与规模极小且分散的单个农户一对一签单交易和一户一户查勘定损和理赔，将面临很高的市场操作代价。由于信息不对称引发的逆选择与道德风险问题会比较突出，这种经营成本农业保险机构是无法控制的。

目前我国农业保险经营尚有较多的盈余，是因为很多方面还没有按照市场化经营的要求直接展业和分户理赔，交易成本尚没有显现出来。比如，赔付率是被低估的，原因可能在于有的地方理赔不规范，减少了赔款支出；或者由于保额相对较低，道德风险没有充分释放；以及变相统保和强制在一定程度上避免了逆选择等。另外，费用率也被压低，原因可能在于：一些业务是行政推动，相关成本体现为行政资源占用，而没有表现为农业保险的费用与成本支出；存在虚假承保和虚假理赔现象，有些业务为虚构业务，基本上不用成本；这些操作的变化，节省了本该支出的成本。由此可见，农业保险的真实交易成本应该是很高的。

为了规避上述市场交易成本，保险公司普遍依赖行政部门的支持来开展业务，这又将面临前面提到的行政推动导致的诸多负面作用，使得农业保险的声誉受到不良的影响。

可见，在保险公司现有的商业经营模式下，农业保险面临高市场交易成本与官方组织成本的双重困境。

(三) 需求传递机制不完备

依据公共产品最优供给理论，消费者和供给者之间存在着一定程度的信息不对称，如果供给者忽视消费者的需求，就无法达到公共产品的供求均衡。农业保险也不例外。

在现行农业保险运行机制下，一方面，农业保险的供给往往不是取决于本地区农民的客观需求，而是由地方政府根据其"政绩"或"利益"需要，或者为了完成上级任务而"硬性"供给的。另一方面，农民作为农业保险的最终消费者由于缺乏自身需求偏好表达的适当渠道，很难有效参与农业保险的供给决策。不仅如此，当前我国尚未建立起有效的农业保险市场评价机制，农民尚不能根据自己的消费体验来行使对保险公司的"选择权"，自然也就不能对保险公司的行为产生有效的激励和约束效应。其结果必然导致农业保险的供给与农民对农业保险的需求脱节，影响农业保险的健康发展。

（四）价格信号机制扭曲

一般来说，农业的风险水平越高，农业保险的费率水平也应该越高，农民购买保险的成本也就越大。然而，在"全省统一费率"的制度下，农业保险的价格脱离了农业风险的真实水平，各投保人转嫁风险的权利和支付保费的义务存在不对等性，极易诱发投保人的逆选择问题。即低风险的投保人不愿意投保，而高风险的投保人积极性很高，最终使农业风险不断向保险公司集中，导致保险公司经营风险加大，影响农业保险的稳健经营。

（五）供求机制不平衡

我国自 2007 年以来，中央政府决定开始使用公共财政补贴农业保险费，揭开了中国发展政策性农业保险的崭新篇章。此后，中央和各级政府财政支持农业保险的范围不断拓展，到 2013 年纳入中央财政补贴的保险标的包括小麦等在内的 13 种，畜牧业保险由中央财政支持的保险标的也增加到奶牛等 5 种，补贴的险种有数十种。

但是，还有许多种养殖业标的没有纳入政府补贴范围，中央政府补贴的标的范围只有 18 种，而在只由地方政府补贴这些险种的情况下，地方政府囿于政府的财力，覆盖保险标的种类很有限，对一些省份农户和农村经济有重要意义的水果、蔬菜、鸡、鸭、鱼、虾、蟹等种植保险标的的保险，都还得不到中央财政的保险费补贴。投保农民期盼他们种植的大多数甚至全部农作物和养殖畜禽鱼虾的保险都能享受政府的保险费补贴。农业保险的覆盖范围过窄致使农户不愿投保。

因为中央财政目前还只是支持"成本保险"的险种，即在发生承保的危害以后，保险公司并不是按照被毁损农作物的全部价值赔偿，而只是保障农作物的物质成本，其保险保障水平相当于农作物总收入的30%左右。保险金额一般只有300～500元。有的省份则是根据农作物的损失程度按照比例赔付，也有的地方只有发生完全损失（绝产，即损失70%以上）的情况下，才按照保险金额赔偿。这对于农户来说，所得的赔偿金额远远不足以弥补所遭受的损失，如此低的保险保障水平，使很多农民觉得投保"没意思"，也就对农业保险失去了信心。保险金补偿过低，无法满足农民合理的诉求。这在很大程度上影响很大一部分农民的投保积极性。

（六）市场结构不健全

目前，市场上经保监会批准获得农业保险经营资格商业保险公司已经有23家。财产保险公司参与农业保险经营的积极性持续高涨，各省都一样，不止一个省在执著地申报成立新的农业保险公司。还有一些正在积极争取获得经营资质的专业性协会保险组织（如渔业互保协会、农机安全协会、农业风险互助协会）。在有的省农业保险市场上有七八家商业保险公司同台竞争，不少保险中介也加入进来。这使得一些省份的农业保险市场上竞争非常激烈。农业保险不同于普通保险，过度的市场竞争不但不会促进农业保险的发展，反而会扭曲农业保险这项惠民政策。综观各式各样的非常规经营手段，让人们对农业保险发展未来充满了担忧。

其一，部分经营主体盲目入市，源于农业保险市场"盈余丰厚"的"诱使"。在过去的几年农业保险实验中，除个别省份个别年份发生中等灾害损失造成保险公司的分支机构亏损外，全国没有较大范围比较严重的灾害损失发生，所以，农业保险的各经营主体每年的赔付率都不高，2007—2013年的7年中在50%～70%，因为农业保险的展业、定损理赔主要是依靠基层政府或涉农机构，集中办理，费用率也不高，所以在这几年中，经营政策性农业保险的公司大部分年份账面上有不少盈余。但是短时期内的这种财务效果足以使不少财产保险公司看好这个新兴市场，纷纷申请进军农业保险领域。

其二，部分农业保险公司行为不规范，自身发展不足难以适应经营农业保险的要求。现今某些财产保险企业盲目进入市场，主要看中了农业保险几率极高的"超额承保利润"，但是却不专注于提高自身的专业能力和服务能力。具体表现在以下几个方面：

一是机构不健全，承保流程管理比较粗放。农业保险承保工作的季节性很强。在承保时间紧张的情况下，难以实现承保准确到户。个别基层保险机构也可能存在虚增业务承保的情况，恶意通过编造承保信息清册、模仿农户和经办人签字来虚增业务，套取补贴；也有的机构针对基层政府通过虚假承保骗取上级政府财政补贴的行为，主动配合，甚至将骗取的部分财政补贴补贴自身的经营费用。这些情况在那些不注重组织机构建设，缺乏县、乡、村农业保险服务机构和人员的公司和地方更加突出。

二是农业保险理赔资金赔付不到位。在理赔方面，保险公司存在对承保种植业保险损失实际无法足额赔付到位的问题。通常，保险公司会采取以下非合理方法进行赔付。一是平均支付赔款，不按照实际损失支付。发生大面积自然灾害损失后查勘的工作量较大，保险公司无法做到对全部农户农作物受损情况进行逐一查勘，根据抽样查勘结果进行定损，一般会发生一定的偏差，部分保险公司与基层政府商定统一赔款额度，然后按照参保户数进行平均分配。二是自行封顶赔付，保险公司不按保险合同规定的保险金额赔偿，自行制定封顶赔付金额，严重损害投保农民的利益。三是理赔不规范、不及时。如在部分地区能繁母猪保险业务理赔过程中，一些养殖险理赔户反映，保险公司查勘不及时，审批时间过长，理赔款兑现时间太晚，有的保险金需要三四个月才能支付，个别地方甚至要求养殖户必须到县支公司所在地的县城领取赔款，严重影响了农户投保的积极性。

三是拒保高风险业务或隐性拒保。在农业保险经营过程中，有的保险机构从盈利角度出发，对一些风险较大、发生保险事故概率较高的险种，即便农户投保积极性很高，保险公司也不愿承保。

四是编造假赔案套取资金。个别保险机构出于市场返还、支付高额手续费，甚至是"商业贿赂"和建立"小金库"的目的，不惜采取编制假赔案的方式套取资金。例如，编造保险事故进行虚假报案，仿造或骗取保险事故证明等虚假理赔材料，由公司员工在索赔申请书等材料上模仿农户签字，然后以现金或转账的形式将赔款存入公司或员工个人账户贪污赔款。

第十章

# 中国农业保险监管体制及其改革与完善

保险需要监管，农业保险更需要监管。根据我们对国外和国内的考察，农业保险监管问题与一般商业保险活动相比较有些特殊，对于农业保险的健康运行和可持续发展更加重要。特别是在中国，我们选择了不同于其他农业保险发达国家（如美国、加拿大和日本）的制度模式，因此就要选择不同于这些国家的农业保险监管体制和监管方式。这种体制和方式还处在探索中，实践表明还存在不少漏洞和缺陷，本章专门讨论监管体制的改进和完善问题。

## 一、中国农业保险监管体制及其特殊性

### (一) 农业保险的金融属性与监管的必要性

保险监管的理由有多种，但一般不外乎：保险商品是一种特殊的诺成性合同，保险交易从签约到合同履行的过程比较长，加上保险一般又是格式合同，技术性和专业性比较强，而在保险期间保险标的有掌握在被保险人那里，对保险交易双方来说，信息严重不对称，相对来说对被保险人更为不利一些。如果没有健全和有效的监管（如进场、出场的要求，保险条款和费率的公平合理性审查等），被保险人的利益容易受到侵害。另外，保险市场的交易也会因为不正当竞争而使其公平性受到挑战，需要有监管者监督市场主体进行合法的平等的交易。从微观意义上来说，投资人的利益也应当受到保护，而保险公司和其他形式的组织的治理结构是否合理有效也需要公正的第三方主持公道。由此构成了保险监管的所谓"三支柱"，即市场行为监管、保险机构偿付能力监管和公司治理结构监管。

对于农业保险特别是政策性农业保险来说，上述理由都是成立的。除此之外还有一些特殊的理由，那就是政府介入，无论是美国、日本还是印度，农业保险都有政府介入，一般都有政府提供保险费补贴、管理费补贴或者提供的再保险合约，甚至是政府亲自操刀经营，这使得农业保险市场活动变得不一般，商业保险市场活动更加

复杂。监管者不仅要向消费者（投保农民）负责和投资人（股东们）负责，还要向政府负责，向全体老百姓负责，既要保证这个农业保险制度能可持续运转，还要保证政府花在农业保险上的钱是合理的、公平的，并且是有效率的。

（二）农业保险监管的中国特色

为了论述方便和更加有针对性，我们有必要结合中国的实际展开做些解释。

如前所述，农业保险本来是商业财产保险的一个类别，但是现在全世界大部分国家举办的政策性农业保险，已经在很大意义上与商业性保险有区别。在商业性农业保险的界定下，农业保险其实也有不同于一般财产保险的鲜明特点，这种特点主要在于其保险标的的生命性和经营风险巨大且频繁，一般情况下难以满足"小概率事件"的要求，从而产生较高的投保人不易接受的损失率和费率。

一般认为政策性农业保险与商业性农业保险之间的重要的区别表现在制度目标、发展动力、参与主体、盈利能力、外部性等不同（庹国柱等，2007）。特别是在政策性农业保险制度中有三个参与主体，而不是像一般性商业保险那样只有两个参与主体。在政策性农业保险的交易中，除了保险人和投保人双方当事人之外，还必须有政府参与，否则这个交易不能产生或者不可持续。

在我国的政策性农业保险中，政府虽然不是保险合同的签约人，但在某种意义上却是签订保险合同的"第一推动力"，或者说扮演保险交易"催化剂"的角色：既要参与价格厘定，给投保方提供价格补贴，还要在灾害损失发生后协助保险人进行损失查勘、定损和理赔工作，此外还要动员和组织农户投保。从而推动农业保险的需求和供给曲线相向运动并相交，达成农业保险交易。这种特点与我国分散的小农经营的现状有关，不然对大部分小规模而且主要劳动力都进城打工的农户来说，没有几家农户有可能与保险机构达成保险交易。目前一般只有"种田大户"和国有农场是直接同保险机构签订保险合同。据统计，全国种植规模超过 100 亩的农户拥有的耕地只占全国耕地的六分之一。这表明，以播种面积 24 亿亩计，大约 20 亿亩播种面积的农作物如果要购买保险，必须有相关政府部门或者涉农机构协助。单靠保险机构或专业中介机构是不可能的。

而在任何国家的商业保险中，除了监管部门监管之外，完全不需要政府直接参与市场交易活动，除非在特殊条件下的破产保护和救援（如 2008 年国际金融危机下美国政府对 AIG 的救助）。在政策性农业保险制度中，其他国家的政府也不参与农业保险的中观和微观层面的活动。经营主体（商业保险公司或者保险合作社）都是与客户（投保农民）直接交易，或者通过代理人交易。那里的大农场农业经营的条件提供了这种直接交易的基本的和可行的条件。

我国《农业保险条例》将农业保险的经营原则确定为"政府引导、市场运作、自主自愿、协同推进"，突出体现了在政策性农业保险制度中政府扮演的重要角色。"政府引导"主要体现在上面所说的政府给投保农户的价格补贴，政府用价格补贴方式增加农民收入并激励农户购买农业保险产品，"协同推进"表明需要由许多相关政府部门从多个层面协助业务推进，达成农业保险交易，促进农业保险特别是政策性农业保险的发展。

鉴于农业保险特别是政策性农业保险的上述特征，对农业保险的监管必须与这种特征相适应。

第一，保险监管工作的对象不仅包括保险人和投保人，而且也包括政府部门。针对保险人和投保人，仍然会涉及保险公司的市场行为、偿付能力和保险公司治理结构三个方面的监管，当然，这三个方面的内容并不是与商业保险完全相同，而是需要根据农业保险的不同于商业保险的合同特点和经营特点，作出必要的调整，其中，对于政府部门在农业保险活动中的行为和活动的监管，将是陌生的和富有挑战的课题。

第二，在中国农业保险市场上，另外一个不同于美国、加拿大等国的特殊监管课题，是对农业保险中的做农业保险业务的非营利性社团法人和合作保险组织的监管。包括中国渔业互保协会在内的一批渔业互保组织，陕西、湖北、湖南出现的农机安全协会，中山市成立的农业风险互助协会等都将成为合法的做农业保险业务的保险组织。在 2004 年保监会就批设了中国第一家位于黑龙江省的农业相互保险公司，后来又批设了宁波市慈溪地区的几家保险相互社。《农业保险条例》正式实施后，它们都是合法从事农业保险业务，特别是政策性农业保险业务的保险组织。而且有关法律及中共中央和国务院的一些重要文件也一直对农业保险的合作互助组织持支持态度。2002 年修订的《农业法》第四十六条规定："鼓励和扶持农民和农业生产经营组织建立为农业生产经营活动服务的互助合作保险组织，鼓励商业性保险公司开展农业保险业务。"中共中央 2009 年的一号文件《关于促进农业稳定发展农民持续增收的若干意见》提出"鼓励在农村发展互助合作保险和商业保险业务"，2012 年的中共中央一号文件《关于加快推进农业科技创新持续增强农产品供给保障能力的若干意见》中也提出"扶持发展渔业互助保险"的意见。2014 年的中共中央一号文件《关于全面深化农村改革加快推进农业现代化的若干意见》中再次提出"鼓励开展多种形式的互助合作保险"的意见。

但是，对于做农业保险业务的这些社团法人和合作保险组织，在缺乏法律依据和监管规则的条件下，对其中一些组织的监管有待进一步明确。

第三，大量的农业保险交易活动以及签订保险合同之后的防灾减损活动、查勘理赔活动等都是在高度分散的农村最基层，而保险监管机关都远在省级和中央政府所在地，加之监管力量的配备不足，就很难保证监管的可及性和有效性。

第四，因为严重的信息不对称，不少地区的农民事实上处于"被保险"或"假保险"状态，这种严重违法违规行为事实上难以受到有效监管。对农业保险制度的健康实施构成挑战。

这些新的监管需求和问题必然引起农业保险监管机制、监管范围、监管内容，监管方式以及监管资源配置的转变和改变，否则无法适应政策性农业保险的新局面和新要求。

（三）监管主体探讨

在我国《农业保险条例》起草和制定过程中，曾经对农业保险监管机关和监管范围和内容的问题有一个反复讨论斟酌的过程。之所以如此纠结，最重要的原因是对于农业保险到底应该由谁监管、监管谁、监管什么等问题无法确定。在最初的草案里，曾将保监会、财政部、农业部、民政部等政府部门依法履行的职责并列，而这些职责中，有的是一般行政职责，有的则是监督管理责任。

1. 保监部门只是农业保险业务的监管者

《农业保险条例》没有分列各部门在农业保险推行中的职责，而是将各部门的职责包括监管概括在第四条中，该条规定，"国务院保险监督管理机构对农业保险业务实施监督管理。国务院财政、农业、林业、发展改革、税务、民政等有关部门按照各自的职责，负责农业保险推进、管理的相关工作"。从字面上来看，包括商业保险公司、合作保险组织和其他协会保险组织在内的保险机构所从事的农业保险业务都应该是由保监会监管的，而其他各有关部门只是"按照各自的职责，负责农业保险推进、管理的相关工作"。《农业保险条例》没有具体界定农业保险业务的确切涵盖内容，也没有明确界定"农业保险推进、管理的相关工作"的具体内容。从上下文来看，对农业保险相关业务的监管，主要是指保险人和投保人（被保险人）之间的保险合同业务的监管，而"推进"和"管理"相关工作中，实际上包含了一部分监管责任。之所以如此，原因是《农业保险条例》依据中国国情设计的政府介入农业保险的层面和方式非常独特。所以，谁来监管的问题还存在模糊之处。

在《农业保险条例》的最初草案中，曾经有设立国务院的农业保险管理和协调机构的意见，是想解决农业保险中远比商业保险复杂的经济和法律关系，因为其中包括保监会在内的任何一个部门，可能都难以独自担当农业保险的监管重任。

因为农业保险特别是政策性农业保险的经济和法律关系，不仅包括保险合同双方当事人，即保险人和投保人（被保险人）之间的关系，而且包括虽然不是合同当事人但与合同有密切联系的保险人和政府部门之间的关系，还涉及投保人（被保险人）与政府部门之间的关系等，所涉及的监管范围就远比商业保险监管范围要宽要广，如果在国务院层面没有这样一个专门的可以担当监督管理职责的机构，对于农业保险的很多活动，涉及财政、税务、农业、林业、渔业、民政、发展改革等部门参与的活动，保监会要全面履职实际上是有困难的。除非国务院另外给保监会"尚方宝剑"。例如，下述活动，保监会如果没有得到明确授权和规则，可能就不便行使监管职责：

各级政府所给的财政补贴是不是到位、使用中有没有违规、违法；政府与保险公司"合谋"，违法进行"协议赔付"、"封顶赔付"；地方政府不适当干预保险公司正常的经营活动（如干预招投标、理赔、再保险等）造成不良甚至严重后果；地方政府违背精算规定所做强制性定价、有违市场的公平性；政府有关部门亲自或者委托第三方"批发"保险业务，非法收取佣金；地方政府与保险公司合谋以虚假承保和理赔套取财政的保险费补贴，或者地方政府截留保险赔款挪作他用或者私分；地方政府不作为，消极对待农业保险工作；政府有关部门拒绝提供保险精算、风险区划或者天气指数保险等方面的信息或者有偿出售这类信息；等等。对类似的违法违规活动，涉及保险公司的，保监会可以处罚保险公司，如果是保险公司之外的政府部门的行为，归谁监管呢？当然构成刑事案件的可以由检察机关介入，但是尚未构成刑事案件的大量行政行为则需要明确监管责任。

2. 《农业保险条例》已经明确赋予财政部门一定的监管责任

实际上《农业保险条例》已经对这些问题的一部分有所考虑，所以在授权保监部门监管农业保险业务的同时，《农业保险条例》授权财政部门一定的监管权力。例如，《农业保险条例》第三十条第一款规定："违反本条例第二十三条规定，骗取保险费补贴的，由财政部门依照《财政违法行为处罚处分条例》的有关规定予以处理；构成犯罪的，依法追究刑事责任。"第二款规定："违反本条例第二十四条规定，挪用、截留、侵占保险金的，由有关部门依法处理；构成犯罪的，依法追究刑事责任。"这表明涉及财政补贴资金方面的违规行为，授权财政部门依据有关财政违法行为的处罚处分条例来监管。至于财政部门如何进行监管，是在财政部门内部设立专门的"农业保险监管机构"进行监管，还是纳入目前财政部门的行政业务来处理，尚未明确规定。

3. 《农业保险条例》没有赋予省及省以下政府监管职责

《农业保险条例》界定了省、地、县级政府在农业保险中的行政责任，却没有授权省及省以下各级政府农业保险的任何监管责任。在该条例中，对地方各级政府的职责和角色定位规定了七项，第一是确定本省农业保险经营模式（第三条）；第二是统一领导和组织本地农业保险工作（第五条）；第三是组织引导农民和农业生产组织参加农业保险（第六条）；第四是鼓励地方人民政府采取由地方财政给予保险费补贴等措施，支持发展农业保险。（第七条）；第五是鼓励地方人民政府建立地方财政支持的农业保险大灾风险分散机制（第八条）；第六是支持建立农业保险基层服务网络（第九条）；第七是各有关政府部门建立农业保险相关信息的共享机制（第四条第二款）。

这些内容都只是"组织"和"协同推进"农业保险的行政职责，而不涉及监管责任和内容。

## 二、明晰监管目标

保险监管一般有三个目标，一是保护消费者利益，避免在主要是格式合同的保险交易中的投保方因为信息不对称而利益受损；二是维护保险市场公平的竞争秩序，保证市场效率；三是保护投资者的利益不受伤害。

农业保险的监管到底应该依据什么原则，确立什么目标，目前还没有正式说法，有必要进行探讨。我们认为，我国农业保险监管应该遵循以下原则，或者确定以下目标：

一是保障政策性农业保险可持续经营。如前所述，政策性农业保险作为一种现代农业风险管理的工具，既是国家金融政策的组成部分，更是国家农业政策的组成部分，其宏观目标就是要保障我国农业的可持续发展从而保障国家的粮食安全。它也是增加农民收入、稳定农业收入，全面建成农村小康社会的重要政策工具。因此，政策性农业保险不是可有可无、可多可少、可经营可不经营的普通保险业务，作为政策性农业保险的监管来说，就是要着眼国家金融改革和农业发展大局，保证和促进这类业务的可持续和稳定发展，不能因为监管不力而使政策性农业保险的经营中断或者萎缩。

二是维护市场公平交易。政策性农业保险虽然有别于商业性保险，但在这个市场上存在存众多经营主体的情况下，也必须通过有效监管，创造良好的交易环境，保证市场交易双方自愿和平等，维护市场的公平性。要确保对农业保险活动的参与者——投保人、保险人和政府三方都要公平，既尊重投保人的选择，保证合同的公平合理，还要保证合同的履行。同时也要保证经营者的正当经营权益，也要使政府的财政补贴资金不被侵蚀，使用正当合理和公开透明。因此，监管部门要监管市场各有关方，特别是保证依法严格执行科学合理的定价原则、行之有效的承保及理赔规则。

三是保护投保人和被保险农民利益。政策性农业保险给农民提供了稳定生产和生活的风险管理工具，农民是政策性农业保险的最直接的受益者。但是在农业保险的交易中，作为投保人和被保险人的农民，由于相对分散又缺乏风险和农业保险方面的专业知识，在农业保险的交易中处于弱势地位，他们在保险交易中的利益很容易被侵害，例如，目前在一些地方发生的"协议赔付"、"封顶赔付"、无理拒赔、欺骗投保人和被保险人等问题，严重侵害了被保险人的利益，而投保农民浑然不知，即使觉得有问题，也不知道找谁评理和讨回公道。事实上在监管不到位的情况下，投保农民特别无助。这就需要保监部门在农业保险活动中在保险人、投保人（被保险人）和政府三方参与者中，当好裁判员，主持公道，特别是保护好投保农户的正当利益不受侵害。

四是保证财政资金的科学有效使用。政策性农业保险有财政资金给予农业保险价格补贴。这种价格补贴在保险费里占很大比例（通常有80%左右）。由于这笔财政资金的无偿性使用，加上我国特殊的农业保险运作体制，用来进行价格补贴的这些财政资金就容易产生"跑冒滴漏"问题，在各个环节受到侵蚀，从而降低财政资金的使用效率，还会滋生其他问题，如腐败。监管部门有责任和义务加强这方面的监管制度建设，并有足够监管力量和操作性强的监管方式，对价格补贴资金进行监管，充分保障财政资金不被滥用和流失，使其最大限度地发挥在政策性农业保险中的激励、引导和促进发展的作用。

### 三、完善监管体制

通过农业保险的监管实现上述目标才能促进农业保险良性和健康发展。

(一) 加速理顺农业保险监管体制

目前的农业保险监管体制是多部门分工协作监管体制，保监会、财政部、农业部等部门各司其职，虽然也有协作但是以保监会进行保险业务监管为主，其他相关部门只是结合自己的业务范围相配合的体制结构。这种体制的优点是各部门熟悉所管辖的业务，监管起来有便利之处。缺点是多部门协调不容易，有的行政部门不那么熟悉保险业务，管理和监管可能并不能得心应手，还可能出现监管真空。监管活动各自为政也显然降低了监管效率。例如，许多地方的农业保险试行招标制，确定某类业务的承保人或主承保人，财政主管部门、农业主管部门、林业主管部门、畜牧主管部门等都可以单独进行招标，其规则、方式、监督制度都不一样，规则也不同，就会带来一些问题。某省财政部门委托一家中介机构行使农业保险经营主体招标，授予该公司市场分配主导权，该中介机构根据投标公司支付给中介公司佣金多寡分配给各公司市场份额。这种显然是不符合市场规范的行为，其他部门还无力干涉。

因此，有必要对现行监管体制加以调整和完善，使其既适应农业保险的制度和业务特点，也能更加精干和富有效率。

(二) 不断完善农业保险监管法规

《农业保险条例》应该是农业保险监管的依据，但是目前该条例无论是对于监管体制还是具体监管规则的规定，有的比较模糊，有的比较原则，有的还没有具体规定。

如上所述，该条例除了具体规定保监会负责监管保险业务，财政部负责对财政资金使用的违规违法活动进行查处外，其他部门包括"国务院财政、农业、林业、发展改革、税务、民政等有关部门按照各自的职责，负责农业保险推进、管理的相关工作"。虽然立法者的这种表述可能是有意进行"模糊处理"。但这样会留下诸多麻烦。比如该条例提及的"推进和管理"与监管有没有区别，区别是什么，从实践看来没有人能正确回答。在这种情况下，这诸多部门负责不负责监管，如果负责，监管什么，如果不负责，牵扯到的领域由谁来监管？这显然给农业保险的监管执法带来困惑和某些混乱。

还有，对于参与农业保险业务活动的地方各级政府，特别是县乡村政府在农业保险活动中的作为，应当由谁监管，也是实践提出来的严肃课题。在有的地方直接由检察机关介入查处，但是检察机关如果没有相关法律法规授权，不可能经常性地对各级政府及其工作人员进行监督。如果经常性的监管由某个部门负责，就需要在法律法规中加以明确。在美国，这个诉讼责任是由"风险管理局"执行的，并由保险监督官协会和州政府指定部门配合实施。

在上面实例中，某政府部门不当招标活动因为无其他合法部门加以监督，事实上造成不良后果。

保监会对农业保险业务进行监管时，实际上无法回避其他政府部门和地方政府的权力圈子，因为农业保险活动并不是保险机构和农民两方的事。有些涉及其他政府部门或者地方政府的农业保险市场活动，保监部门即使认为不对也无权制止或无力干涉。根据实践进一步细化完善监管法律法规势在必行。

（三）强化专业监管力量

保险监管需要监管人员来进行。目前的情况是不论保险监管机关还是相关政府部门都缺乏监管人员，使监管难以有效实施。

对于保监会来说，目前监管资源配置有两个问题：一是监管人员严重不足，二是监管机关和力量的空间配置与农业保险业务不相匹配。监管机关在上面，业务在远离城市的最基层农村，相距甚远。

如果说这种空间配置在那些发达国家还情有可原的话，在我们小农经营占主导的现实中国，则无论如何无法适应。

财政部门、农业部门、林业部门等实际上都根据《农业保险条例》的规定，管理着大量的农业保险业务，但是因为没有编制，无法设立相应管理机构，监管责任在很大意义上难以到位。

中国金融四十人论坛
CHINA FINANCE 40 FORUM

第十一章

中国农业保险发展改革路径：
体制完善与机制优化

"政府引导、市场运作、自主自愿和协同推进"是中国农业保险发展的基本原则，在当前环境和背景下，科学选择中国农业保险发展改革路径，首先要明确农业保险发展改革方向，结合当前我国农业保险管理体制和运行机制现状，逐步完善和优化，以充分发挥农业保险的风险管理作用，实现农业保险的健康、可持续发展。

## 一、中国农业保险发展改革方向

党的十八届三中全会作出了关于深化改革的重大决定，提出了以"完善保险经济补偿机制、建立巨灾保险制度"、"维护农民生产要素权益、健全农业支持保护体系、完善农业保险制度"等农业发展战略和发展目标。农业保险作为一种农业风险管理手段，其发展改革以农业发展为导向，以保险业发展为根基。下一步的思路和方向，就是要按照党中央国务院的部署，认真贯彻落实党的十八届三中全会精神和《国务院关于加快发展现代保险服务业的若干意见》等有关文件要求，紧密围绕现代农业发展的风险保障需求，进一步完善体制机制，提高服务"三农"能力，促进农业保险健康快速发展。完善农业保险体制机制，发展适合我国国情的农业保险制度，坚持政府引导、市场运作、自主自愿和协同推进的基本原则，加大改革推进力度，完善农业保险管理体制和运行机制。

随着城市化的发展和农村土地的确权与流转，我国正在从小农经济向大农经济模式过渡，美国等农业大国农业保险的政策扶持和发展倾向更应该引起我们的关注。2014 年 2 月 7 日，美国总统奥巴马正式签署了 2014—2018 财年的农业法案，联邦政府每年农业开支约 1000 亿美元，取消了实施近 18 年、每年耗资近 50 亿美元的农业直接补贴，同时扩大农业保险项目覆盖范围和补贴额度，以突出保险业在防范农业生产风险中的作用。而在新农业法案支持农业保险的政策中，最突出的当属农产品价格保险。该法案明确规定，在农产品价格保险制度下，当参保农民的农产品价格低于过去 5 年平均水平 14% 时，将开始获得补偿；保险赔付不设上限，保证农民在农产品价格下跌时，依然能获得往年平均水平 86% 的收益。政府为农产品价格保险提供了更多的补贴，参与农产品价格保险的农民只需承担 35% 的保费，剩余的 65% 由政府承担。

　　美国的农业补贴结构的变化和农业保险政策目标的转变是非常明显的。我国当前也面临着大力发展农业保险的同时促动其转型的问题，政策性的农业保险在为农业、农村和农民的发展提供保障的同时，还应该借鉴美国等国家的经验，与时俱进，为农产品的国际竞争优势和国家的粮食安全服务。

　　目前我国的粮食最低收购价政策虽然保护了农民利益、提高了粮农生产的积极性，保证了国家的粮食安全，但也造成了农产品市场价格的严重扭曲，破坏了农产品市场和农产品期货市场的运行机制，影响了市场功能的正常发挥。粮食最低收购价因农业生产成本上涨而逐年升高并超出国际市场价格，对国家财政造成较大压力的同时，也增加了粮食深加工企业的成本，破坏了粮食生产、流通、加工和消费的产业链条。目前东北三省玉米临储库存爆满，而酒精生产等加工企业却因成本升高而难以为继，这是粮食市场自动调节机制遭到破坏的结果。十一年来，我国粮食生产连年丰收，粮食价格下行压力较大，库存又处于历史高位乃至达到极限，农业部估计2015 年新粮集中上市后可能再次出现卖难的现象。

　　鉴于此，我国亟需一种更有效的制度来补充完善乃至取代粮食最低收购价政策。根据国际经验，我国开始研究借鉴并在大豆和棉花市场试点采用发达国家的农产品目标价格制度。而从发达国家的经验来看，农业保险制度是粮食目标价格制度的重要组成部分。研究并试点建立粮食目标价格保险应该成为一个重点工作①。

改革与创新的方向明确之后，我们建议从以下四个方面来进行机制体制改革和完善：一是提高农业保险服务能力，进一步扩大农业保险覆盖面，提高保障水平，拓宽服务领域，提升服务水平，加强基层服务体系建设；二是完善风险防范机制，逐步探索建立健全多方参与、风险共担、多层分散的大灾风险分散机制，强化保险机构风险管控，健全农业保险再保险体系，建立财政支持的大灾风险分散机制，研究设立国家农业保险巨灾风险基金；三是加强监督管理，健全市场准入退出机制，加强农业保险产品管理，强化市场监管，维护参保农户合法权益，着力构建规范有序、服务优良、优胜劣汰、适度竞争的农业保险市场体系；四是加大政策扶持力度，加强财税政策扶持，加大涉农金融支持力度，建立信息共享机制，加快形成农业保险信息共享机制，推进农业保险信息化建设。

---

① 粮食目标价格保险的分类及选择：价格保险和收入保险应对的是市场风险。粮食市场风险指粮食的市场价格波动，尤其粮食价格低于农业生产者的预期价格，从而给农业生产者带来收入损失的可能性。粮食价格波动可以分解为趋势性波动、周期性波动、季节性波动和随机性波动。趋势性、周期性和季节性粮食价格波动，可以依据过去的经验和数据分析预测出来，被认为是可预期的价格波动。而由不可预期的外在因素，比如，自然灾害等导致的粮食市场波动是不可预期的随机价格波动。粮食目标价格保险可以应对以上四种价格风险，但不同的产品设计所重点针对的风险有一定的区别。粮食目标价格保险的基本操作方式是：商业保险公司设计出应对粮食市场风险的保险产品，并与投保的农业生产者签订保险合同，当发生保险责任事故时负责定损与理赔工作；政府对商业保险公司提交的保险方案进行审核，并按照政策目标提供一定比例的保费补贴。这里所说的保险责任事故，通常指粮食实际价格低于保险合同中规定的保障价格的情形。借鉴国内外农业保险实践，依据农业保险的承保责任，我们将粮食目标价格保险分为两种形式：粮食目标价格纯价格指数保险。它是仅以粮食价格波动造成的风险损失为保险责任，以粮食价格指数为赔付依据的一种农业保险产品，是对农业生产经营者因市场价格大幅波动，农产品价格低于预期价格或价格指数造成的损失给予经济赔偿。在这种形式的保险中，理赔时仅根据实际价格指数低于保险人与投保人之间商定的粮食价格指数的差额，以及投保的粮食作物面积进行理赔，而不考虑投保人的实际产量。纯价格指数保险的优势是理赔成本低，保险公司不需要到每个农场和农户的粮食生产地查勘，而是根据试点地区整体的价格水平确定理赔金额。然而其缺陷也非常明显，当粮食产量大幅增加导致粮食价格下跌而农户的生产收入增加时，保险公司也需要根据粮食价格的下跌的情况进行赔偿，但当粮食产量大幅下跌而粮食价格上涨从而农民收入下降时，保险公司却不用进行赔偿。这和粮食目标价格保险保障粮农收入稳定和粮食生产稳定的目标有所偏离。

《国务院关于加快发展现代保险服务业的若干意见》明确提出大力发展"三农"保险，创新支农惠农方式。为我国农业保险的发展注入了新的动力，提供了新的发展机遇，明确了发展方向。如何实现农业保险更好地为"三农"服务，实现更大的发展，能否有效实现市场化运作是农业保险成功推进的关键，如何进一步协调政府与保险公司、保险公司与农业从业者之间的关系是中国农业保险深化改革与发展的根本。实现农业保险的发展目标，必须管理体制和运行机制两手抓，即需要管理体制的不断完善，也需要"运行机制"的不断优化。

## 二、基础路径：完善管理体制

完善中国农业保险管理体制是农业保险发展改革的基础和保障。完善管理体制既要实现"横向多部门的协同推进"，也要实现"纵向多层级政府的共同引导"。主要包括以下五个方面。

（一）明确农业保险中政府与市场的边界

1. 要深刻认识农业保险中政府与市场对立又统一的关系

政府引导农业保险市场运行的目的在于，建立农业风险分散机制，增强农业抗风险能力，稳定和巩固农业基础地位，保证农业保险发展有一个有利的市场环境，以确保农村社会和谐稳定和减少农民收入波动。农业保险具有较强的公共性和外部性，它具有准公共产品属性，这就决定了它的实施必须在政府的参与下才能得以实现。

本来政府和市场两者的职能与手段具有独立性。在农业保险市场运行下，经营农业保险的企业作为农业保险市场竞争的主体和农业保险商品和劳务的提供者，其有权独立运用其资产，独立进行生产和经营决策，并独立承担社会责任。它们在资金管理、财务核算、再保安排等经营性行为具有明显的专业性和独立性。而政府的职能则是提供适合国情的农业保险制度和提供有利于农业保险发展的各

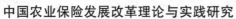

类政策（特别是财政、税收和协同推进政策），并为企业提供良好公平的竞争环境和适于健康发展的特殊条件，还要按照保险的一般市场规则对企业的市场运行进行监督管理。这些职能和手段也具有完全的独立性。但是，这种独立性又都有其局限性，因为在中国政策性农业保险的条件下，保险企业很难像普通财产保险和人身保险那样完全独立地开展农业保险业务，它必须依靠政府及其部门的协助，从事保险经营，实现和完成保险展业、签单、防灾、查勘、理赔等活动。

"政府市场合作模式"就是为了解决农业保险市场上，在公平精算费率条件下的需求不足而产生的解决方案，因此这种农业保险市场本身就不是也不可能是纯粹市场机制。充分认识和理解在中国农业保险市场中政府与市场的关系，明确各自的职能和角色，政府发挥社会管理、协调组织、财政支持和市场监管的职能，保险企业发挥自己的特长提供专业的保险服务、分散风险的职能。只有这样才能很好地把握政府与市场的行为边界。

2. 政府发挥引导而非主导作用，保证保险企业有自主经营权

在市场经济条件下，政府不能直接干预企业的自主经营决策，更不能随意变更农业保险的政策环境，保险企业应充分发挥其在资金管理、财务核算、再保安排等经营优势，发挥其专业性和独立性。保险企业应把握市场机遇，充分履行保险企业的社会责任，独立自主做好经营工作，而不受政府主导。

保险企业提高自身自主经营权应做到以下几点：第一，改善企业经营管理体制，严格管理，认真落实。确保政策性农业保险补贴政策落实到位，做到让农民安心，让政府放心。第二，提高企业管理、产品设计的创新意识，在各个环节下功夫，为农业发展提供全方位保障。第三，对企业自身严格要求，提供优质高效的保险服务，让农民真正得到实惠，促进更多的农民参保。第四，提高法律意识

和长期可持续经营的意识，规范经营管理。保险企业应该具有底线意识，牢固树立起守法合规观念，不仅洁身自好，而且敢于抵制来自任何方向的不法行为和无理要求，只有这样农业保险的规范经营才能实现。

（二）要以法治思维约束各类行政权力

权力的知止单靠权力者自律是做不到的，其权力边界应通过外在力量的约束来划定和实现。在我国政策性农业保险中，政府虽然不是签约人，但在某种意义上却是第一推动力，或者说扮演催化剂的角色。

1. 对政府行为作出明确监管规定，同时明确责任机构，消除"监管真空"

在目前农业保险的制度构建中，离不开公权力。但利用公权力发展农业保险的前提是要还原真实的公权力，即公权力都是理性经济人，拥有最大化自身利益的原始动机，或部分地怀有为自身利益而滥用权力的动机，所以必须对行政权力加以法律上严格的监管，但是《农业保险条例》并未作出全面的规定，出现监管真空问题，所以有必要进一步完善农业保险立法，完善农业保险的法规体系，加快制定与《农业保险条例》配套的法律、部门规节，用法律规则来规范国家行政机关的行为，"法无明文规定无权力"，通过立法的外在约束限制政府在农业保险中的权力边界，同时以农户参与农业保险制度决策与管理权利去制约政府的权力，实现权力的制衡，保障个体权利与自由，通过外部约束明晰政府在农业保险经营活动中的权力边界。做到科学立法、行政机关严格执法。这也足见对政府在农业保险中的行为加强监管的必要性。

2. 理顺监管体制，加强监管力量

加强对农业保险的监管十分必要。加强监管的关键是首先理顺监管体制，思路有两条：一是改变目前多部门分散监管模式，建立统一的农业保险监管体制，只有一家或两家负责农业保险监管，对于保险业务难以涵盖的内容，授权监管部门延伸监管，包括诉讼活动。二是继续维持目前这种多部门分散监管格局，但需要有一个可操作性强的实际的协调机构，以一家为主，共同研究监管政策，实施统一的监管活动。当然，要做这种体制调整，首先要完善相关规则，有必要考虑修订《农业保险条例》或者加快制定《农业保险法》，适应农业保险的发展和满足农业保险监管的要求。

除了体制调整，还要加强监管队伍建设了。如前所述，农业保险的大部分业务活动在县和县以下地区，监管机关却在省和省以上城市，这种监管机构设置难以适应对农业保险的监管需求，所以应该在县和县以下地区设立监管机构，以顺应农业保险的市场活动。省级监管机构应该对省级以下的监管机构进行指导，交流、传授监管经验，使监管落实到位。同时，针对监管力量严重不足的问题，必须要加大国家对监管人员的配备，培养更多的监管人员，使监管工作具体可行。可以考虑各省保监局也相应设立农业保险监管处，增加编制，扩充人员才能适应监管需要。只有全方位监管落实了，才能保证农业保险有一个依法合规的公正的市场秩序，保障投保农户的权益，保障政府支持政策的效率，也让我国农业保险的微观经营水平更上一层楼。

(三) 理顺政府不同部门之间的关系

1. 完善我国农业保险立法，明确各部门职责，避免出现职能交叉和职能推诿

《农业保险条例》对于各部门的职能规定弹性较大，模糊且不具有可操作性，因此各部门应该在《农业保险条例》的宏观基础上，顺应农业保险的理念，配套制定相关的部门规节，对《农业保险条例》中对于各部门职能界定不清的进行细化，对各部门职能冲突的进行修正，明确各部门的职能和违反职责的法律后果，确定各部门

的协调合作机制，健全各部门职能管理的长效机制，在各部门之间合理分配利益，使各部门的职能法定化，加强对职能的监管，真正使"部门协同推进"有可操作性。

2. 建立农业保险政府各部门信息共享机制

在政策性农业保险制度中，很多部门都被牵涉进来，所以有"协同推进"的原则，为了取得"协同推进"的较好效果，《农业保险条例》第四条第二款规定，"财政、保险监督管理、国土资源、农业、林业、气象等有关部门、机构应当建立农业保险相关的信息共享机制"，各部门应该建立农业保险工作联系机制，定期或不定期地交换农业保险信息，交流农业保险经验，深入贯彻落实国家有关强农惠农政策，不断推进政策性农业保险工作。这样有助于农业保险发展规划工作的顺利进行，也便于了解和综合评价农业保险的效果，及时解决农业保险发展中的各种问题。

（四）理顺不同层级政府之间的关系

1. 有必要建立政府主导下的统一制度框架

在政策性农业保险的制度创新中，首先要允许分散决策，根据当地的具体情况因地制宜地自行确定政策性和商业性农业保险项目的范围、种类和保障水平，自行决定对政策性农业保险的补贴原则和标准等。

在我国政策性农业保险制度发展中，有必要参考制度"收敛"过程中呈现的一些共同制度属性，进行人为制度设计，确定全国大致统一的整体制度框架。政府主导下的"统一制度框架"的人为制度设计能够加快我国农业保险的制度演进过程，弥补仅靠制度演进难以满足社会对有效制度需求的不足，同时也有利于纠正农业保险制度自发演进中的路径依赖现象。因此，全国政策性农业保险政策设计必须坚持"统一制度框架与分散决策相结合"的原则，将制度的自然演进和人为设计有机地结合起来。

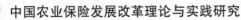

　　总之，有必要由中央政府（或保险监管部门）制定一个指导省一级农业保险制度设计的导引或要点，列明农业保险制度中必不可少的制度要素，例如，省一级要设立必要的管理和协调机构，确定本省范围内的市场主体及其结构，确定本地政策性农业保险财政支持政策及支持重点项目和险种，依据中央制定的原则，建立本地的大灾风险管理制度，进行本地农业风险区划和费率分区，逐步建立风险评估和费率厘定的科学机制和机构，对各有关政府部门如何协同推进农业保险制度建设作出安排，对基层（特别是县和县以下政府与涉农部门）协助和代理农业保险业务做具体规定等。对某些可以统一的制度要素给出建议，便于各省参考。不至于因为缺少某些重要的制度要素而使农业保险的运作出现较大偏差。特别是严重侵害投保农民利益的问题，或者农业保险经营不可持续的问题。

　　2. 继续扩大保险覆盖范围，同时提高保险保障水平

　　许多种养殖业标的没有纳入政府补贴范围，特别是中央政府补贴的标的范围只有 18 种，而单由地方政府补贴这些险种囿于地方政府的财力，覆盖范围比较有限。

　　首先要扩大这些作物的覆盖面和提高其保障水平。而对于其他作物，特别是当地的特色农业产品，虽然暂时还不能纳入中央补贴的目录，但是在地方补贴的基础上，准备采取"以奖代补"的政策给予支持。同时，扩大畜产品及森林保险范围和覆盖区域。表明对于畜产品保险和森林保险，无论中央还是各省都要增加支持种类，加大支持力度。

　　3. 着力调整政府财政支持的结构

　　加大对中西部地区、生产大县农业保险保费补贴力度，适当提高部分险种的保费补贴比例。提高中央、省级财政对主要粮食农业保险的保费补贴比例，并逐步减少或取消产粮大县县级保费补贴，虽然不能马上就完全取消产粮大县县级保费补贴，但是要逐步解决。

马上就完全取消可能对中央和省级财政的压力会大一些，特别是在财政收入增速减低的客观环境下。

（五）建立健全农业保险农户参与的机制

1. 加大宣传力度，提高农民对农业保险的认识程度

虽然现在农民对农业保险的接受程度大大提高，投保的积极性大大增加，但由于农业保险具有专业性强的特点，很多农民对于农业保险的具体政策规定、农业保险合同条款还是认识不清，必须要加大政府和保险公司对农业保险的宣传力度，通过各种形式手段，宣传有关政策，解读农业保险条款，加大农民对农业保险的认识，树立农民自愿参保的意识，做到"普法到家"，使农民能够积极自主地参与到农业保险投保中来，政府和保险公司要把农业保险宣传工作作为一项重要工作具体落实到位。在宣传工作中解决农民对于农业保险的疑惑，着力解决农民关注的农业保险高费用、高费率等问题，鼓励老百姓积极购买农业保险，充分调动农民的热情，推动整个农业保险工作的在农民群众中全面开展。

2. 建立农业保险基层服务网络

农业保险的经营高度分散，仅仅靠保险经营机构进行宣传、组织、展业、承保、核保，发生灾害损失时进行查勘、定损和理赔有实际困难，所以要在基层政府帮助下建立起基层网络，才能向农民提供比较好的保险。当前我国农业保险基层服务体系有两种模式，一是完全靠保险公司自己延伸机构的经营模式，即保险公司通过在乡镇设立营销服务部的方式延伸服务网络。但这些机构的主要精力集中在一般性财产保险业务上，在农业保险方面，仍需要乡镇政府和相关农业部门的支持，提供向下的延伸服务，这种模式运行成本高、自我生存能力差、不易扩大和推广，仅限在少数公司和地区运行。二是依靠基层政府和涉农服务部门协办模式，即保险公司在农业、林业乡镇基层机构设立农业保险服务站，聘请农业保险专（兼）

干和村级协保员，兼职协助保险公司的市县级分支机构开展承保、理赔服务。这种模式体现了成本优势，实现了涉农服务资源的有效整合。目前在一些农业保险业务开展较早、业务量较大的地区广泛应用。

实践表明，依靠基层政府和涉农服务部门协办模式更适合政策性农业保险的实际情况，所以《农业保险条例》第九条第二款规定"国家支持保险机构建立适合农业保险业务发展需要的基层服务体系"。肯定了政府在农业保险基层服务体系中的支持、协助作用。

3. 积极推动农业保险的立法进程

推动农业保险发展，法制建设是基础。农业保险制度设计涉及政府、公司与农民的责任分担和不同社会群体或利益集团的利益调整。农业保险立法事实上是行政机关和立法机关相互博弈与妥协的结果。对农业保险来说，立法的目的不仅在于对农业保险制度的权威规范，更在于实现农业保险责任与权益的合理配置。相关部委要建立超越各自部门利益的协调机制，要真正以农民的根本利益为重，以政策性农业保险的制度建设为重，超越单一部门利益，使中国的政策性农业保险尽快走上制度化、法制化的轨道。配套《农业保险条例》，制定相关法律、部门规节，能有效避免政府单方面主导农业保险政策而难以兼顾责任主体各方利益的缺陷，从而确保农业保险制度更为公平合理，真正落实农业保险要达到的目标。

4. 充分发挥农户的积极性，建立其参与农业保险制度决策与管理的机制

不少农民虽然参加了农业保险，但对农业保险的制度、保障内容、保险合同条款等认识不清。农业保险在制度安排上采用财政补贴资金分配的自上而下，这样使得政府与公司成为农业保险的主导，农民参与程度很低，从而使得政府、公司、农民之间缺乏利益制衡与协调机制。显然，这种高高在上的制度安排很难真正满足农民的

需求，也很难对农民的合理诉求具有及时的响应性。因此，必须将农民参与政策性农业保险制度的决策和监督作为重要的发展方向。如果政策性农业保险制度的三个主体——政府、公司、农民之间出现利益失衡，就会导致制度操作偏离预定的目标。长期偏离目标的操作就会颠覆制度本身。因此，要积极培育农民的参与机制，构建农民与政府以及公司之间的利益制衡与协调机制。

### 三、必然路径：优化运行机制

科学、不断完善的管理机制是农业保险可持续发展的基础和保障。合理、不断优化的运行机制是农业保险健康发展的有效途径和必然选择，更是影响农业保险未来发展程度的关键因素。优化农业保险运行机制，农业保险的政府市场合作需要政府更多地发挥引导作用，保险机构更多地发挥市场作用。具体可从以下五个方面着手。

（一）完善现有制度，主要是政府市场合作的边界，避免政府越权

尽管《农业保险条例》明确了政府在农业保险发展中的基本职责和运营规则，但是这些职责和规则比较笼统，需要财政部、保监会等部门制定细致完善的配套规节，进一步划清政府和市场之间的边界，减少地方政府越位、错位等行为的发生。有一些省还没有明确的、完整的本地制度方案，缺乏完善的市场组织和业务操作制度规范。这些方案和规范都需要尽快加紧出台。另外，那些允许多家保险公司和组织在本地经营农业保险的省、自治区、直辖市，应该通过公开招标选择保险经营机构，并使农业保险组织管理规范化、透明化，即使准备采取划分区域和分险种经营的地方，也要有公开透明的操作规则，便于各经营机构和公众监督。一定要限制和禁止政府或保监部门随意分派市场资源，对寻租违法违纪活动进行严厉惩处。保监会也要严格规定和坚决执行农业保险准入条件，尽可能使

这些规定减少弹性，使各地有明确具体而且刚性的规节可循，从而从源头上保证农业保险市场上的保险机构具有合格的技术水平和服务能力。

在通过完善立法和制度规范来约束地方政府行为失范的同时，我们还应该建立起关于农业保险的公共需求表达、公共决策、绩效评估等民主参与机制，充分反映和尊重农民的需求偏好，并进而影响政府对农业保险制度的决策和管理过程，实现权力的制衡。要做到这一点，我们需要提高农民个体素质，发展基层群众性自治组织，并加强基层民主政治建设。

（二）鼓励和支持商业模式创新（如产品与机制创新），降低交易成本

要通过商业模式创新提高保险公司的供给效率。农业风险的相关性（系统性）以及信息不对称问题，使得保险风险集合与分散的最基本功能缺乏效率。因此，农业保险技术的创新着力于处理农业保险的传统问题，如道德风险、高交易成本、逆选择，特别是系统性风险问题。

为此，要积极探索指数保险等新型农业保险产品在中国的不同地区和不同保险标的的可行性。和传统的农业保险产品相比，指数保险可以有效避免道德风险问题和逆选择问题，降低交易成本。指数保险作为农业保险的产品创新是对传统农业保险运行机制存在弊端的矫正，属于技术创新的范畴。但这种产品与技术创新的背后是机制与制度的创新，是试图通过基于市场的方法来提高效率，减少对资源配置市场的扭曲，满足农民日益增长的扩大承保风险的需要，最小化或消除传统产量保险面临的道德风险、逆选择，提高再保险市场应对巨灾系统性风险的能力。中国要探索指数保险，必须解决如下问题：如何化解基数风险？如何让这种农业保险的技术创新与制度创新为保险公司、政府以及农民所接受？被保险地区是否具有

较为完备的气象资料？气象站等基础设施是否齐备？中国的金融市场是否接受这种产品？等等。

当然，从各地试验各类气象指数保险（例如，安徽的小麦或者水稻天气指数保险、江西的柑橘天气指数保险，大连的海水养殖风灾指数保险，以及海南正在试验的橡胶树风灾指数保险等）面临的实际问题来看，最主要的还是政府支持不支持和如何支持的问题。如果解决不了政府对创新产品的保险费补贴问题，这些创新不可能推广和应用，保险经营机构也不会有持久的创新积极性和发展前景。

（三）积极进行销售模式创新，降低对行政推动的依赖

要培育和利用农民自己的合作组织，实施"合作—代理模式"。与商业保险公司相比，农民自己的合作组织能够比较有效地解决管理和交易成本高、目标群体的信任等问题，较好地满足低收入群体的需求。从理论上说，商业保险公司与合作组织在向农户提供保险方面都具有相对优势，因此二者结合起来，可以更好地发挥各自的相对比较优势。因此，要充分发挥农村互助合作组织的作用。保险公司与数亿农户打交道时，最大的问题是交易费用过高和道德风险难以防范。合作组织可以降低交易费用和有效防止道德风险。因此，充分利用农村互助合作组织，使其发挥保险中介作用，可以节约费用。农业保险的发展是一个系统工程，必须和农村合作组织同步发展。

（四）支持农业保险组织创新，鼓励发展合作制保险组织

中央一再强调发展农业保险是要"鼓励开展多种形式的互助合作保险"。2014年中共中央发布的一号文件所说的互助合作保险，其实还包括目前存在的渔业互保险协会、农机安全协会、农业风险互助协会等以互助名义出现的协会保险人。我们这里主要讨论合作保险组织。互助合作保险的理论和实践意义在于：第一，农业保险市场上的组织多元化，可以更充分地合理地配置市场资源；第二，农

民真正自愿结合成立的保险组织机构更能得到农民的信任和支持，农业保险在这里的推行更容易被接受；第三，在一定范围内的合作制保险的发展，有利于投保人之间的风险监督，从而有效防止道德风险和逆选择，降低交易成本；第四，在一定程度上实现业务的差异化定位，更好地满足农户的保险需求。

目前，我国保险市场组织比较单调，有股份制保险公司坐庄，而合作制保险很不发达，合作性质的保险组织目前除了黑龙江的阳光相互农业保险公司和浙江慈溪的保险相互社之外，还没有其他合作制保险组织，这种市场组织结构不利于发挥市场在配置资源方面的决定性作用。从市场组织多元化的发展趋势考虑，在有条件的地方，农业保险市场上适当发展合作保险组织（如相互保险公司和保险合作社）是必要的。当然对现有的以互保名义出现的协会保险人也应当鼓励和支持，但更重要的是规范。这些组织所提供的保险产品至少目前都是拾遗补阙性质的，对农业保险的发展也作出了重要贡献。

（五）探索建立竞合机制

在农业保险这个领域，因为不可能是自由竞争的市场，也不可能完全适用纯粹的市场机制，不能提倡充分竞争，而要提倡适度竞争，或者只提倡服务竞赛。因此，有必要将政策性农业保险的保费和代理费做统一规定，禁止竞争性降价和提高手续费，公司之间主要是在服务质量方面的竞赛，否则不可能收获普通商品那种因为竞争所带来的效率提高、成本降低的政策初衷。

鉴于目前的农业保险市场并不是一个完全的市场，适当限制经营主体的数量有助于缓解寻租，这与发挥市场在配置资源方面的决定性作用并不矛盾。因此，在一个省、自治区和直辖市内，可以允许多家符合条件的综合性或者专业性保险机构做农业保险业务。可以在省级划分经营区域，在一个县甚至一个市范围内，只可选择一家保险公司做同类农业保险业务，还要规定其在一个地区经营要有持续性（如至少3年）。以防止在基层由争抢渠道引发的寻租竞争，导致农业保险经营混乱、经营效率下降。

# 中国金融四十人论坛简介

　　中国金融四十人论坛是一家非官方、非营利性的独立智库，专注于经济金融领域的政策研究。论坛由40位40岁上下的金融精锐组成，即"40×40俱乐部"。

　　本智库的宗旨是：以前瞻视野和探索精神，致力于夯实中国金融学术基础，研究金融领域前沿课题，推动中国金融业改革与发展。

# Introduction of CF40

The China Finance 40 Forum ( CF40 ) is a non-government, non-profit, and independent think tank dedicated to policy research on economics and finance. CF40 was founded on April 12, 2008, and operates as a "40 × 40 club" that consists of forty influential experts around 40 years old. CF40 aims to enhance the academic foundation of China's finance, provide high-quality research on emerging financial issues, and promote financial reform and development.

# 中国金融四十人论坛组织架构与成员名单
## （2015 年）

论坛学术顾问（按姓氏拼音排序）：

| | | |
|---|---|---|
| 1 | 陈雨露 | 中国人民银行副行长 |
| 2 | 胡怀邦 | 国家开发银行董事长 |
| 3 | 胡晓炼 | 中国进出口银行董事长 |
| 4 | 黄奇帆 | 重庆市市长 |
| 5 | 蒋超良 | 吉林省省长 |
| 6 | 姜建清 | 中国工商银行股份有限公司董事长 |
| 7 | 李剑阁 | 孙冶方经济科学基金会理事长 |
| 8 | 林毅夫 | 北京大学国家发展研究院教授 |
| 9 | 刘 伟 | 北京大学常务副校长 |
| 10 | 裴长洪 | 中国社会科学院经济研究所所长 |
| 11 | 钱颖一 | 清华大学经济管理学院院长 |
| 12 | 秦 晓 | 博源基金会理事长 |
| 13 | 沈联涛 | 香港证监会原主席 |
| 14 | 唐双宁 | 中国光大集团股份公司董事长 |
| 15 | 王 江 | 美国麻省理工学院斯隆管理学院金融学教授 |
| 16 | 吴敬琏 | 国务院发展研究中心资深研究员 |
| 17 | 吴晓灵 | 全国人大财经委副主任委员、中国人民银行原副行长 |
| 18 | 易 纲 | 中国人民银行副行长、国家外汇管理局局长 |
| 19 | 余永定 | 中国社会科学院世界经济与政治研究所研究员 |

20　朱光耀　财政部副部长

21　朱　民　国际货币基金组织副总裁


**论坛常务理事会主席：**

陈　元　全国政协副主席


**论坛常务理事会副主席：**

谢　平　中国金融四十人论坛高级研究员


**论坛常务理事（按姓氏拼音排序）：**

1　蔡明兴　富邦金融控股公司副董事长

2　陈东升　泰康人寿保险股份有限公司董事长兼 CEO

3　陈文辉　中国保险监督管理委员会副主席

4　陈　元　全国政协副主席

5　丁学东　中国国际金融有限公司董事长

6　吉晓辉　上海浦东发展银行董事长

7　李仁杰　兴业银行行长

8　李若谷　中国进出口银行原董事长兼行长

9　李振江　中国农业银行副行长

10　刘　勇　国家开发银行首席经济学家、业务发展局局长

11　吕家进　中国邮政储蓄银行行长

12　缪建民　中国人寿保险（集团）公司总裁

13　钱颖一　清华大学经济管理学院院长

14　裘国根　上海重阳投资管理股份有限公司董事长

15　任汇川　中国平安集团总经理

16　沈如军　交通银行副行长

17　宋丽萍　深圳证券交易所总经理

18　孙　杰　中国外汇交易中心副总裁

19　屠光绍　上海市常务副市长

20 王东明 中信证券股份有限公司董事长

21 王海明 中国金融四十人论坛秘书长

22 谢 平 中国金融四十人论坛高级研究员

23 阎庆民 天津市副市长

24 杨德红 国泰君安证券股份有限公司董事长

25 杨家才 中国银行业监督管理委员会主席助理

26 张家林 北京艾亿新融资本管理有限公司董事长

**论坛理事（按姓氏拼音排序）：**

1 蔡明兴 富邦金融控股公司副董事长

2 陈东升 泰康人寿保险股份有限公司董事长兼 CEO

3 陈一松 中信信托有限责任公司董事长

4 丛 林 工银金融租赁有限公司总裁

5 丁学东 中国国际金融有限公司董事长

6 付 钢 渤海银行行长

7 甘为民 重庆银行董事长

8 高 峰 德意志银行（中国）有限公司行长

9 高善文 安信证券首席经济学家

10 吉晓辉 上海浦东发展银行董事长

11 雷切尔·霍伊 CLS 亚洲区负责人

12 李怀珍 中国民生投资股份有限公司总裁

13 李仁杰 兴业银行行长

14 李若谷 中国进出口银行原董事长兼行长

15 李振江 中国农业银行副行长

16 连 平 交通银行首席经济学家

17 刘 勇 国家开发银行业务发展局局长

18 刘明君 青岛市副市长

19 吕家进 中国邮政储蓄银行行长

20 缪建民 中国人寿保险（集团）公司总裁

| 21 | 倪霄峰 | Point72 资产管理公司副总经理 |
| 22 | 裘国根 | 上海重阳投资管理股份有限公司董事长 |
| 23 | 任汇川 | 中国平安集团总经理 |
| 24 | 孙 杰 | 中国外汇交易中心副总裁 |
| 25 | 万 放 | 平安资产管理有限责任公司董事长 |
| 26 | 王东明 | 中信证券股份有限公司董事长 |
| 27 | 王 钧 | 浙江泰隆商业银行董事长 |
| 28 | 王金山 | 北京农商银行董事长 |
| 29 | 夏 蜀 | 富滇银行股份有限公司董事长 |
| 30 | 许罗德 | 中国银行副行长 |
| 31 | 杨德红 | 国泰君安证券股份有限公司董事长 |
| 32 | 于业明 | 太平洋资产管理有限责任公司总经理 |
| 33 | 张家林 | 北京艾亿新融资本管理有限公司董事长 |
| 34 | 张晓蕾 | 渣打银行（中国）有限公司行长、首席执行总裁 |
| 35 | 赵 民 | 北京正略钧策企业管理咨询有限公司董事长 |
| 36 | 赵 威 | 中再资产管理股份有限公司副董事长、总经理 |
| 37 | 郑 杨 | 上海市金融服务办公室主任 |

**论坛会员单位：**

中银国际控股有限责任公司

**论坛学术委员会主席：**

钱颖一 清华大学经济管理学院院长

**论坛学术委员会成员（按姓氏拼音排序）：**

| 1 | 管 涛 | 中国金融四十人论坛高级研究员 |
| 2 | 黄益平 | 北京大学国家发展研究院副院长 |
| 3 | 潘功胜 | 中国人民银行副行长 |
| 4 | 阎庆民 | 天津市副市长 |

5　　袁　力　国家开发银行副行长

6　　钟　伟　北京师范大学金融研究中心主任

**论坛监事长：**

于亚利　执行董事、副行长

**论坛监事会成员（按姓氏拼音排序）：**

1　　管　涛　中国金融四十人论坛高级研究员

2　　陆　磊　中国人民银行研究局局长

3　　巫和懋　中欧国际工商学院经济学教授

4　　钟　伟　北京师范大学金融研究中心主任

**论坛秘书长：**

王海明

**40×40 俱乐部成员名单（按姓氏拼音排序）：**

政府机关人员：

1　　巴曙松　中国银行业协会首席经济学家

2　　陈文辉　中国保险监督管理委员会副主席

3　　范文仲　中国银行业监督管理委员会国际部主任

4　　方星海　中国证券监督管理委员会副主席

5　　纪志宏　中国人民银行金融市场司司长

6　　李　波　中国人民银行货币政策司司长

7　　刘春航　中国银行业监督管理委员会政策研究局局长

8　　刘　健　财政部国际经济关系司司长

9　　廖　岷　中国银行业监督管理委员会上海监管局局长

10　隆国强　国务院发展研究中心副主任

11　陆　磊　中国人民银行研究局局长

12　马　骏　中国人民银行研究局首席经济学家

13　潘功胜　中国人民银行副行长

14　祁　斌　中国证券监督管理委员会创新业务监管部主任

15　沈晓晖　国务院研究室国际司长

16　魏加宁　国务院发展研究中心宏观经济部巡视员

17　魏尚进　亚洲开发银行首席经济学家、哥伦比亚大学金融学教授

18　阎庆民　天津市副市长

19　张　涛　中国人民银行条法司司长

20　张晓朴　中国银行业监督管理委员会政策研究局副局长

研究机构人员：

21　白重恩　清华大学经济管理学院副院长

22　丁志杰　对外经贸大学校长助理

23　管　涛　中国金融四十人论坛高级研究员

24　黄金老　中国人民大学重阳金融研究院高级研究员

25　黄益平　北京大学国家发展研究院副院长

26　李稻葵　清华大学苏世民学者项目主任

27　瞿　强　中国财政与金融政策研究中心主任

28　姚　洋　北京大学国家发展研究院院长

29　钟　伟　北京师范大学金融研究中心主任

商业机构人员：

30　高善文　安信证券首席经济学家

31　哈继铭　高盛投资管理部中国副主席

32　黄海洲　中国国际金融公司董事总经理

33　李伏安　渤海银行股份有限公司董事长

34　连　平　交通银行首席经济学家

35　孙明春　博海资本董事长兼首席投资官

36　王　庆　上海重阳投资管理股份有限公司总裁

37　袁　力　国家开发银行副行长

38 张健华 北京农商银行行长

**论坛特邀成员：**

1 陈 龙 蚂蚁金融服务集团首席战略官

2 陈卫东 中国银行国际金融研究所常务副所长

3 高占军 中信证券董事总经理

4 郭 濂 国家开发银行金融研究发展中心主任

5 黄志强 中国出口信用保险公司副总经理

6 何 东 国际货币基金组织（IMF）货币及资本市场局副局长

7 金中夏 驻国际货币基金组织（IMF）中国执行董事

8 孔德昌 天津市金融工作局局长

9 李 麟 浦发银行战略发展部总经理

10 李文红 中国银行业监督管理委员会创新部副主任

11 李迅雷 海通证券首席经济学家

12 梁 红 中国国际金融有限公司首席经济学家

13 林采宜 国泰君安证券首席经济学家

14 刘尚希 财政部财政科学研究所所长

15 鲁政委 兴业银行首席经济学家

16 彭文生 中信证券全球首席经济学家

17 盛松成 中国人民银行调查统计司司长

18 孙国峰 中国人民银行货币政策司副司长

19 武 剑 中国光大集团专职董事

20 谢 多 中国银行间市场交易商协会党委书记

21 熊志国 中国保险监督管理委员会政策研究室主任

22 许宪春 国家统计局副局长

23 徐 忠 中国人民银行金融市场司副司长

24 宣昌能 中国人民银行稳定局局长

25 殷剑峰 中国社会科学院金融研究所副所长

26 张 斌 中国金融四十人论坛高级研究员

27　张承惠　国务院发展研究中心金融研究所所长

28　郑京平　国家统计局副局长

29　诸建芳　中信证券首席经济学家

30　朱　宁　上海交通大学上海高级金融学院副院长

31　周诚君　中国人民银行货币政策二司副司长

32　周道许　贵州省人民政府副秘书长、贵州省政府金融工作办公室主任

33　邹加怡　财政部部长助理

## 论坛高级研究员：

管　涛　谢　平　张　斌

## 论坛资深研究员：

1　贾　康　财政部财政科学研究所原所长

2　巫和懋　中欧国际工商学院经济学教授

## 论坛特邀研究员：

1　程漫江　中银国际控股董事总经理、研究部主管

2　邓海清　中信证券资产管理部首席分析师

3　缪延亮　国家外汇管理局局长高级顾问

4　任泽平　国泰君安证券研究所董事总经理、首席宏观分析师

5　王　信　中国人民银行南昌中心支行行长

6　向松祚　中国农业银行首席经济学家

7　祝丹涛　中央财经领导小组办公室副巡视员

# 参考文献

[1] 陈昌盛. 公共财政支持农业保险发展的途径、标准与规模 [J]. 保险研究, 2007 (6).

[2] 陈锡文. 中国政府支农资金使用与管理体制改革研究, 第二十专题 "农业保险投入" [M]. 太原: 山西经济出版社, 2004.

[3] 陈妍, 凌远云, 陈泽育, 郑亚丽. 农业保险购买意愿影响因素的实证研究 [J]. 农业技术经济, 2007 (2).

[4] 丁少群, 庹国柱. 国外农业保险发展模式及扶持政策 [J]. 世界农业, 1997 (8).

[5] 冯文丽. 我国农业保险短缺的经济分析 [J]. 福建论坛 (经济社会版), 2003 (6).

[6] 冯文丽. 我国农业保险市场失灵与制度供给 [J]. 金融研究, 2004 (4).

[7] 谷政, 褚保金, 应瑞瑶. 农业保险合作制模式的博弈分析 [J]. 农村经济, 2007 (6).

[8] 顾海英, 张跃华. 政策性农业保险的商业化运作——以上海农业保险为例 [J]. 中国农村经济, 2005 (6).

[9] 李传峰. 公共财政视角下我国农业保险经营模式研究 [D]. 财政部财政科学研究所博士学位论文, 2012.

[10] 李军, 段志煌. 农业风险管理和政府的作用——中美农业保险交流与考察 [J]. 北京: 中国金融出版社, 2004.

[11] 李军. 农业保险的性质、立法原则及发展思路 [J]. 中国农村经济, 1996 (1).

［12］李艳，张涤新．我国农业保险的社会福利与效率的平衡：政府参与型模式研究［J］．生产力研究，2006（12）．

［13］刘婧，史培军，叶涛．种植业保险区划研究［J］．中国区域经济，2010，2（2）：11～18．

［14］龙文军．谁来拯救农业保险：农业保险行为主体互动研究［M］．北京：中国农业出版社，2004．

［15］宁满秀，苗齐，邢鹂，钟甫宁．农户对农业保险支付意愿的实证分析——以新疆玛纳斯河流域为例［J］．中国农村经济，2006（6）．

［16］宁满秀，邢鹂，钟甫宁．影响农户购买农业保险决策因素的实证分析：以新疆玛纳斯河流流域为例［J］．农业经济问题，2005（6）．

［17］宁满秀．农业保险制度的环境经济效应——一个基于农户生产行为的分析框架［J］．农业技术经济，2007（3）．

［18］瑞士再保险公司 Sigma 研究报告 2013 年第一期发表 Partnering for Food Security in Emerging Markets（《携手应对新兴市场的粮食安全问题》）．

［19］谭中明，刘亮．江苏省政策性农业保险可持续发展研究［D］．中国农业保险发展报告，2013．

［20］庹国柱，丁少群．论农业保险区划及其理论根据［J］．当代经济科学，1994（3）．

［21］庹国柱，丁少群．种植业保险风险分区和费率分区问题的探讨［J］．中国农村经济，1994（10）．

［22］庹国柱，朱俊生．对相互保险公司的制度分析［J］．经济与管理研究，2008（5）．

［23］庹国柱，朱俊生．关于农业保险立法几个重要问题的探讨［J］．中国农村经济，2007（2）．

［24］庹国柱，朱俊生．关于我国农业保险制度建设几个重要问题的探讨［J］．中国农村经济，2005（5）．

［25］庹国柱，朱俊生．建立我国政策性农业保险制度问题探讨［J］．首都经济贸易大学学报，2004（6）．

［26］庹国柱，朱俊生．论政策性农业保险的财政税收政策［J］．经济与管理研究，2007（5）．

［27］庹国柱，王国军．中国农业保险与农村社会保障制度研究［M］．北京：首都经济贸易大学出版社，2002．

［28］王阿星，张峭．内蒙古鄂尔多斯市农业保险需求实证分析［J］．农业经济问题，2008年增刊．

［29］王敏俊，黄祖辉．农业保险的政策性目标与消费群体的狭窄性：一个悖论的分析——以浙江省为例［J］．中国软科学，2007（12）．

［30］王敏俊．我国农业保险的政策性分析与路径选择：一个新构想［J］．农业经济问题，2007（7）．

［31］邢鹂，黄昆．政策性农业保险保费补贴对政府财政支出和农民收入的模拟分析［J］．农业技术经济，2007（3）．

［32］于娟．论以政府干预为主导的农业保险模式及我国农业保险法律建构——兼评我国2013年3月1日施行的《农业保险条例》［J］．东南学术，2013（5）．

［33］张跃华，顾海英，史清华．农业保险需求不足效用层面的一个解释及实证研究［J］．数量经济技术经济研究，2005（4）．

［34］张跃华，顾海英，万皓．新疆生产建设兵团农业保险调查——对农业保险商业性保险公司代理模式的分析［J］．新疆大学学报，2005（3）．

［35］张跃华，顾海英．准公共品、外部性与农业保险的性质——对农业保险政策性补贴理论的探讨［J］．中国软科学，2004（9）．

[36] 张跃华，何文炯，施红．市场失灵、政策性农业保险与本土化模式——基于浙江、上海、苏州农业保险试点的比较研究 [J]．农业经济问题，2007（6）．

[37] 张跃华，施红．补贴、福利与政策性农业保险——基于福利经济学的一个深入探讨 [J]．浙江大学学报（人文社会科学版），2007（6）．

[38] 张跃华．农村互助统筹保险模式分析——以河南省为例 [J]．金融理论与实践，2004（12）．

[39] 张跃华．中国农业保险经营模式分析——以上海、新疆、河南为例 [J]．中国金融，2004（24）．

[40] 赵山．以再保险为核心的巨灾和农业保险体系研究 [J]．保险研究，2007（12）．

[41]《中国保险史》编审委员会．中国保险史 [M]．北京：中国金融出版社，1998．

[42] 钟甫宁，宁满秀，邢鹂，苗齐．农业保险与农用化学品施用关系研究——对新疆玛纳斯河流域农户的经验分析 [J]．经济学（季刊），2007（1）．

[43] 朱俊生，庹国柱．我国发达地区政策性农业保险试验的比较制度分析 [J]．保险研究，2007（7）．

[44] 朱俊生，庹国柱．中国农业保险制度模式运行评价 [J]．中国农村经济，2009（3）．

[45] 朱俊生．发达地区农业保险试点分析 [J]．银行家，2007（9）．

[46] 朱俊生．问题意识、田野调查与农业保险理论研究 [J]．经济与管理研究，2006（6）．

[47] 朱俊生．中国农业保险：发展评价与制度创新 [D]．北京大学博士后研究工作报告，2008．

［48］ Ahsan, S. M. , A. A. G. Ali, and N. J. Kurian. Toward a Theory of Agricultural Insurance. American Journal of Agricultural Economics, 1982, 64, 520～529.

［49］ Ashok K. Mishraa, Barry K. Goodwin Revenue Insurance Purchase Decisions of Farmers, Applied Economics, 2006, 38, 149～159.

［50］ B. Goodwin. Current Issues in Modeling Yield and Price Risk: Implications for the Design and Rating of Crop Insurance Contracts. 2011 Workshop of the ERCA Research Network on the Structure and Performance of Agriculture and Gri－Products Industry, 2011.

［51］ Babcock, B. A. , and D. A. Hennessy. Input Demand under Yield and Revenue Insurance. American Journal of Agricultural Economics, 1996, 78, 416～427.

［52］ Babcock, B. A. , C. E. Hart, and D. J. Hayes. Actuarial Fairness of Crop Insurance Rates with Constant Rate Relativities. American Journal of Agricultural Economics, 2004, 86, 563～575.

［53］ Bardsley, P. , A. Abey, and S. Davenport. The Economics of Insuring Crops Against Drought. Australian Journal of Agricultural Economics, 1984, 28, 1～14.

［54］ Barnett, B. Agricultural Index Insurance Products: Strengths and Limitations. Presented at Agricultural Outlook Forum, 19 February, Washington, USA, USDA, 2004.

［55］ Berliner, B. Limits of Insurability of Risks. Englewood Cliffs, NJ, USA, Prentice－Hall, 1982.

［56］ Bulut et al. Volatility Factor in Concept and Practice. Crop Insurance Today, 2011.

［57］ Calkins, P. , Romain, R. , Maïga, A. and Lambert, R. Comparaisons de Divers Types de Programmemes de Stabilisation des Revenus

Agricoles du Que'bec, Canadian Journal of Agricultural Economics, 1997, 45, 51 ~ 68.

[58] Chambers, R. G. Insurability and Moral Hazard in Agricultural Insurance Markets. American Journal of Agricultural Economics, 1989, 71, 604 ~ 616.

[59] Chambers, R. G., and J. Quiggin. Decomposing Input Adjustments under Price and Production Uncertainty. American Journal of Agricultural Economics, 2001, 83, 20 ~ 34.

[60] Coble et al. Policy Implications of Crop Yield and Revenue Variability at Differing Levels of Disaggregation. Selected Paper for Presentation at the American Agricultural Economics Association Annual Meeting, Portland, Oregon, July 29 – August 1, 2007.

[61] Coble, K. H., Heifner, R. G. and Zuniga, M. Implications of Crop Yield and Revenue Insurance for Producer Hedging, Journal of Agricultural and Resource Economics, 2000, 25, 432 ~ 452.

[62] Cole and Gibson. Analysis and Feasibility of Crop Revenue Insurance in China. Agriculture and Agricultural Science Procedia Vol. 1, 2010, 136 ~ 145.

[63] Crocker, K. J., and J. Morgan. Is Honesty the Best Policy? Curtailing Insurance Fraud through Optimal Incentive Contracts. Journal of Political Economy, 1988, 106, 355 ~ 375.

[64] Duncan, J., and R. J. Myers. Crop Insurance under Catastrophic Risk. American Journal of Agricultural Economics, 2000, 82, 842 ~ 855.

[65] Gardner, B. L., and R. A. Kramer. A Experience with Crop Insurance Programs in the United States. In P. Hazell, C. Pomerada, and A. Valdez, eds. Crop Insurance for Agricultural Development: Issues and

Experience. Baltimore: Johns Hopkins University Press, 1986, 195 ~ 222.

[66] Gineo, W. M. Agricultural Income Insurance: A Policy Alternative, Unpublished Ph. D. Thesis, University of Minnesota, MN, 1984.

[67] Glauber, J. W. , Harwood, J. L. and Miranda, M. J. Federal Crop Insurance and the 1990 Farm Bill: An Assessment of Programme Options, USDA – ERS, Commodity Economics Division, Washington, D. C. , 1989.

[68] Glauber, J. W. A Declaration in the U. S. District Court for the District of North Dakota, Southeastern Division Paul Wiley, et al. v. Daniel Glickman. Civil No. A3 – 99 – 32, May 18, 1999.

[69] Goodwin, B. K. An Empirical Analysis of the Demand for Multiple – Peril Crop Insurance. American Journal of Agricultural Economics, 1993, 75, 425 ~ 434.

[70] Goodwin, B. K. , and V. H. Smith. An Ex Post Evaluation of the Conservation Reserve, Federal Crop Insurance and Other Government Programs: Program Participation and Soil Erosion. Journal of Agricultural and Resource Economics, 2003, 28, 201 ~ 216.

[71] Goodwin, B. K. , M. L. Vandeveer, and J. Deal. An Empirical Analysis of Acreage Effects of Participation in the Federal Crop Insurance Program. American Journal of Agricultural Economics, 2004, 86.

[72] Gray, A. W. , Richardson, J. W. and McClasky, J. Farm – level Impacts of Revenue Insurance, Unpublished, Department of Agricultural Economics, Texas A&M University, 1994.

[73] Harwood, J. L. , Coble, K. H. , Heifner, R. G. and Glauber, J. W. Revenue Insurance in the U. S. : A Framework, Economic Impacts, and Implementation Issues. Paper Presented at the Risk Management Preconference, AAEA annual meetings, San Diego, CA, 1994.

[74] Harwood, J. L., Heifner, R. G., Coble, K. H., Perry, J. E. and Somwaru, A. Managing Risk in Farming: Concepts, Research, and Analysis, Agricultural Economics Report 774, USDA – ERS, Commodity Economics Division, Washington, D. C, 1999.

[75] Harwood, J., R. Heifner, K. Coble, J. Perry, and A. Somwaru. Managing Risk in Farming: Concepts, Research, and Analysis. U. S. Department of Agriculture, Economic Research Service Agricultural Economic Report No. 774, March, 1999.

[76] Hennessey, D. A., Babcock, B. A. and Hayes, D. J. Budgetary and Producer Welfare Effects of Revenue Insurance, American Journal of Agricultural Economics, 1997, 79, 1024 ~ 1034.

[77] Hess, U., Richter, K. and Stoppa, A. Weather Risk Management for Agriculture and Agribusiness in Developing Countries. In Dischel, ed. Climate Risk and the Weather Market, Financial Risk Management with Weather Hedges. London, England, Risk Books, 2002.

[78] Horowitz, J. K., and E. Lichtenburg. Insurance, Moral Hazard, and Chemical Use in Agriculture. American Journal of Agricultural Economics, 1993, 75, 926 ~ 935.

[79] Joseph W. Glauber The Growth of the Federal Crop Insurance Program, 1990 – 2011 Amer. J. Agr. Econ. 95 (2): 482 ~ 488.

[80] Just, R. E., L. Calvin, and J. Quiggin. Adverse Selection in Crop Insurance. Amer. J. Agr. Econ. 81, (November, 1999), 834 ~ 849.

[81] King, R. P., and G. E. Oamek. Risk Management by Colorado Dryland Wheat Farmers and the Elimination of the Disaster Assistance Program. American Journal of Agricultural Economics, 1983, 65, 247 ~ 255.

[82] Knight, T. O., and K. H. Coble. A Survey of Multiple Peril

Crop Insurance Literature Since 1980. Review of Agricultural Economics, 1997, 19, 128 ~ 156.

[83] Knight, T. O. , and K. H. Coble. Actuarial Effects of Unit Structure in the U. S. Actual Production History Crop Insurance Program. Journal of Agricultural and Applied Economics, 1999, 31, 519 ~ 535.

[84] Kunihisa YOSHII. Agricultural Insurance in Japan. http: // www. georgemorris. org/uploads/userfiles/files/agricultural%20insurance% 20in%20japan%2820131201%29. pdf.

[85] Mahul, O. and Wright, B. D. Designing Optimal Crop Revenue Insurance, American Journal of Agricultural Economics, 2003, 85, 580 ~ 589.

[86] Mahul, Olivier and Stutley, Charles J. Government Support to Agricultural Insurance: Challenges and Options for Developing Countries. World Bank, 2010.

[87] Makki, S. S. Crop Insurance: Inherent Problems and Innovative Solutions. In Luther Tweeten, L. and Thompson, S. R. eds. Agricultural Policy for the 21st Century. Iowa State University Press, Ohio, USA, 2002.

[88] Miller, T. A. , and A. S. Walter. A Options for Improving Government Programs that Cover Crop Losses Caused by Natural Hazards. USDA Economic Research Service No. 654, March, 1977.

[89] Miranda, M. J. Area – Yield Crop Insurance Reconsidered. American Journal of Agricultural Economics, 1991, 73, 233 ~ 242.

[90] Miranda, M. J. , and J. W. Glauber. A Systemic Risk, Reinsurance, and the Failure of Crop Insurance Markets. American Journal of Agricultural Economics, 1997, 79, 206 ~ 215.

[91] Mishra, P. K. Crop Insurance and Crop Credit : Impact of the

Comprehensive Crop Insurance Scheme on Cooperative Credit in Gujarat. Journal of International Development, 1994, 6 (5), 529 ~568.

[92] Nelson, C. H. , and E. T. Loehman. Further Towards a Theory of Agricultural Insurance. American Journal of Agricultural Economics, 1987, 69, 523 ~531.

[93] Quiggin, J. The Optimal Design of Crop Insurance. In Hueth, D. L. and Furtan, W. H. , eds. Economics of Agricultural Crop Insurance: Theory and Evidence. London, England, Kluwer Academic Publishers, 1994.

[94] Quiggin, J. , G. Karagiannis, and J. Stanton. Crop Insurance and Crop Production: Empirical Study of Moral Hazard and Adverse Selection. Australian Journal of Agricultural Economics, 1993, 37, 95 ~113.

[95] Ramaswami, B. Supply Response to Agricultural Insurance: Risk Reduction and Moral Hazard Effects. American Journal of Agricultural Economics, 1993, 75, 914 ~925.

[96] Rejesus, R. M. , B. B. Little, A. Lovell, M. Cross, and M. Schucking. Patterns of Collusion in the U. S. Crop Insurance Program: An Empirical Analysis. Journal of Agricultural and Applied Economics, 2004, 36, 449 ~466.

[97] Rubinstein, A. , and M. Yaari. Repeated Insurance Contracts and Moral Hazard. Journal of Economic Theory, 1983, 30, 74 ~79.

[98] Serra, T. , B. K. Goodwin, and A. M. Featherstone. Modeling Changes in the U. S. Demand for Crop Insurance during the 1990s. Agricultural Finance Review, 2003, 63 (2), 109 ~125.

[99] Shaik, S. , and J. Atwood. Demand for Optional Units in Crop Insurance. Paper Presented at the AAEA Annual Meeting, Montreal, Canada, 27 – 30 July, 2003.

[100] Skees, J. R. , Harwood, J. , Somwaru, A. and Perry, J. E. The Potential for Revenue Insurance Policies in South, Journal of Agricultural and Applied Economics, 1998, 30, 47~61.

[101] Skees, J. R. , P. B. R. Hazell, and M. Miranda. New Approaches to Public/Private Crop – Yield Insurance. EPTD Discussion Paper No. 55, International Food Policy Research Institute, Washington, D. C, 1999.

[102] Skees, J. Risk Management Challenges in Rural Financial Markets: Blending Risk Management Innovations With Rural Finance. Presented at the International Conference: Paving the Way Forward for Rural Finance, June 2 – 4, Washington D. C, USA, 2003.

[103] Skees, J. R. , and M. R. Reed. Rate – Making for Farm – Level Crop Insurance: Implications for Adverse Selection. American Journal of Agricultural Economics, 1986, 68, 653~659.

[104] Skees, J. R. , and M. R. Reed. Rate – Making for Farm – Level Crop Insurance: Implications for Adverse Selection. American Journal of Agricultural Economics, 1986, 68, 653~659.

[105] Smith, V. H. , and B. K. Goodwin. Crop Insurance, Moral Hazard, and Agricultural Chemical Use. American Journal of Agricultural Economics, 1996, 78, 428~438.

[106] Stokes, J. R. , Nayda, W. I. and English, B. C. The Pricing of Revenue Assurance, American Journal of Agricultural Economics, 1997, 79, 439~451.

[107] Trechter, D. D. An Economic Analysis of Farm Revenue Insurance, Unpublished Ph. D. thesis, East Lansing, Michigan State University, 1984.

[108] Turvey, C. G. Contingent Claim Pricing Models Implied by

Agricultural Stabilization and Insurance Policies, Canadian Journal of Agricultural Economics, 1992, 40, 183 ~ 198.

[109] U. S Department of Agriculture, Risk Management Agency. Summary of Business, 2012.

[110] U. S. Department of Agriculture, Risk Management Agency. A USDA to Suspend Pilot Watermelon Crop Insurance Program. Press Release. September 12, 1999. Available at http: //www. act. fcic. usda. gov/news/pr/1999/990913. html.

[111] U. S. General Accounting Office. Agriculture in Transition: Farmers Use of Risk Management Strategies. GAO/RCED – 99 – 90, April, 1999.

[112] U. S. General Accounting Office. A Disaster Assistance: Crop Insurance Can Provide Assistance More Effectively than Other Programs. GAO/RCED – 89 – 211, September, 1989.

[113] Vercammen, J. , and G. C. van Kooten. Moral Hazard Cycles in Individual – Coverage Crop Insurance. American Journal of Agricultural Economics, 1994, 76, 250 ~ 261.

[114] Wenner, N. and Arias, D. Agricultural Insurance in Latin America: Where are we? Presented at the International Conference: Paving the Way Forward for Rural Finance, 2 – 4 June, Washington, DC, USA, 2003.

[115] World Bank. Managing Agricultural Risk, Vulnerability and Disaster. In Agriculture Investment Sourcebook Module 10. Available at World Bank Website, 2004.

[116] World Trade Organization. Dispute Settlement Body. United States: Subsidies on Upland Cotton (WT/DS267), 2004. Available at http: //www. wto. org/english/tratop e/dispu e/dispu e. htm.

［117］ Wright, B. D. , and J. D. Hewitt. All Risk Crop Insurance: Lessons from Theory and Experience. Giannini Foundation, California Agricultural Experiment Station, Berkeley, April, 1990.

［118］ Young, C. E. , M. L. Vandeveer, and R. D. Schnepf. Production and Price Impacts of U. S. Crop Insurance Programs. American Journal of Agricultural Economics, 2001, 83, 1194～1201.

# 后　记

　　虽然农业保险是一种广义的金融工具，但是由于其具有准公共产品的属性并且是世界贸易组织"绿箱"政策，在很多国家作为超越商业保险活动的制度安排，成为管理本国农业风险、提高农业竞争力、促进农民增收、提高农民社会福利的重要农业政策工具。

　　当前，我国正处于转变发展方式、推进现代化建设的重要时期。这既为农业保险的发展提出了新的更高要求，也为新形势下农业保险的发展提供了有利条件与契机。农业保险的健康发展离不开深入扎实的理论研究。我们开展了中国金融四十人论坛内部课题"中国农业保险发展改革理论与实践研究"，旨在提升中国农业保险对于现代农业发展的服务供给能力，在全面梳理目前全球农业保险的发展现状和典型国家农业保险的制度特点，以及我国农业保险的运行机制与存在问题的基础上，提出中国农业保险制度建设顶层设计及改革路径的政策建议。目前，课题研究顺利完成，以专书出版的形式向大家呈现研究成果。

　　这项课题由我担任组长，保监会财产保险监管部的刘峰主任担任副组长，课题组成员包括中国保险学会的姚庆海会长、张领伟副秘书长，保监会财产保险监管部的何浩副主任以及农险处的王祺、邵绛霞、毕道俊，办公厅的胡启晖，北京保监局的苗伟，首都经济贸易大学的庹国柱教授、朱俊生教授，对外经济贸易大学的王国军教授、何小伟博士，北京工商大学的董彪副教授，中国财产再保险公司李媛媛总经理，中国人民财产保险有限公司三农事业部的王俊总经理等。大家都非常重视课题的研究工作，在日常工作任务很重的情况下，以高度的负责精神和严谨的学术态度，在较短的时间内完成这项具有创新性和开拓性的研究课题，实属不易。课题研究得到了中国金融四十人论坛和行业内外专家的大力支持，在此对他们表示衷心的感谢！

农业保险是一项具有全局性和技术性很强的系统工程。我们真诚希望能通过加强农业保险理论研究，引领农业保险科学发展。课题研究是我们思考的一些初步成果，难免存在疏漏和不足，真诚希望各位读者批评指正，并提出宝贵的意见。

陈文辉

**2015 年 7 月**